华夏文库·佛教书系

寺塔灵秀

江南名寺

张静雯 著

大地传媒　中州古籍出版社

《华夏文库》发凡

毫无疑问，每一个时代都有属于自己时代的精神追求、文化叩问与出版理想。我们不禁要问，在21世纪初叶，在全球文明交融的今天，在信息文明的发轫初期，作为一个中国出版人，我们正在或者将要追求什么？我们能够成就或奉献什么？我们以何种方式参与全球化时代的文化传播进程？在一连串的追问下，于是，有了这套《华夏文库》的出版。

自信才能交融。世界各大文明在坚守自身文化个性的同时，不约而同地加快了探视其他文化精神内涵的步伐，世界不同文明正在朝着了解、交流、碰撞、借鉴与融合的方向前进。在此背景下，建立自身的文化自信，正是与世界各文明民族进行文化交流的基本要求。五千年中华文明与文化正在不断地被其他文明所发现、所挖掘、所认知，汉语言正在生长为世界语言，儒文化正在世界各地生根发芽。

借助这样一种正在成长着的文化自信、自觉、开放、亲和之力，用我们这个时代的学术眼光全面系统梳理中华五千年的文明与文化，向其他各大文明与文化圈正面展示自我，让中华优秀文化成为世界文化的重要组成部分，正是我们出版这套文库的目的之一。此其一。

知己才能知彼。身处五千年文化浸润的今天，重新思考我们先人的人生思考、价值思考与哲学思考，找到一个民族、一个国家的价值所在、立命所在、安身所在，这已经是我们这个时代的学人与出版人不得不再思考的问题。作为中华文明的一分子，我们在思考的同时，还必须了解我们的先人创造了如何优秀的精神文明与物质文明以及社会文明。只有熟知自己的文化，热爱自己的文化，悟明自己的文化，我们才能宣说自己、弘扬自己、光大自己。因此，我们策划组织这套《华夏文库》的初衷，还在于让当下的知识青年全面系统瞭望中华文明与文化的全景，并借此能够对更为深广的世界各民族文化提供一个比较认知的基础。此其二。

顺势才能有为。我们正处在农耕文明、工业文明、信息文明的交汇处，信息文明带领我们从读纸时代进入读屏时代，以智能手机屏幕为代表的书籍呈现方式正在与纸质书籍争夺阅读时间与空间。我们正在领悟数字技术，正在以信息文明的视角，去整理、分析和研究农耕文明与工业文明的文化遗产，不仅仅是为了唤醒优秀的传统文化，我们还在生发和原创着当今时代的文化。由此，我们试图架起一座桥梁——由纸质呈现而数字呈现，由数字呈现而纸质呈现，以多媒介的书籍呈现方式，将文字、图像、声音与视频四者结合，共同筑成《华夏文库》以奉献给信息文明时代的新读者。此其三。

总之，这是一套——专家大家名家写小书；以最小的阅读单元，原创撰写中华精神文化、物质文化与社会文明系列主题与专题；以图文、音视频多媒介呈现的方式，全面介绍与传播中华文明与优秀文化，系统普及与推介中华文明与文化知识；主旨是为了让世界与中国共同了解中国的——大型丛书，借此，复兴文化，唤起精神，融入世界。

耿相新

2013 年 6 月 27 日

目 录

一　龙城延绵，钟磬绕耳
　　——常州天宁寺

    1　历经风雨，布道不悔 ………………………………… 2

    2　"东南第一丛林"
　　　——常州天宁寺的建筑布局 ……………………… 6

    3　布道弘法，墨客留声
　　　——禅宗道场天宁寺 ……………………………… 13

二　有鹤东来
　　——镇江焦山定慧寺

    1　千年古刹的前世今生 ………………………………… 19

    2　大江东去，群山西来
　　　——定慧寺的建筑布局 …………………………… 21

3 焦山宗法，定慧一脉 25

4 弘道高僧

　　——茗山法师 27

5 山不在高，有仙则名

　　——文人墨客与定慧寺 30

三 千年等一回
　　——镇江金山寺

1 金山寺历史 37

2 金山寺裹山

　　——金山寺的建筑布局 39

3 侠骨柔情

　　——金山寺传说 46

四 传道四方
　　——宝华山隆昌寺

1 "律宗第一名山" 50

2 雕梁画栋皆有法 54

3　活佛济公传经地 ·················· 61

　　4　隆昌寺的帝王缘 ·················· 63

五　狼伏大山
　　——南通狼山广教寺

　　1　从唐代走来的名寺 ················ 67

　　2　金龙伏狼

　　　　——广教寺的建筑布局 ············ 72

　　3　弘法高僧

　　　　——圣严法师与南通狼山 ·········· 76

六　蜀岗栖灵
　　——扬州大明寺

　　1　烟雨楼台，历久弥新 ·············· 80

　　2　禅房花木，史海钩沉 ·············· 82

　　3　高僧大德

　　　　——鉴真大和尚 ·················· 92

七 水上梵音
——扬州高旻寺

1 高旻寺的历史沿革 ······ 98

2 傍水而居，人间佛堂 ······ 102

3 历经磨难，顿悟成佛
——来果大师 ······ 111

4 高旻寺与《红楼梦》 ······ 116

八 有佛则名
——无锡祥符寺

1 始于贞观 ······ 118

2 祥符寺景象 ······ 124

3 身与云齐施法雨，目垂诲众示深慈
——灵山大佛 ······ 126

4 明清历代高僧 ······ 133

小知识目录

禅宗	5
禅宗四祖	5
禅宗五祖弘忍	11
禅宗牛头批派	12
善财童子五十三参	12
《华严经》	26
焦山系	26
曹洞宗	26
天下第一泉	45
佛印	48
金山四宝	48
律宗	53
优波离	53
般舟三昧	53
皇戒	53
大势至菩萨	69
八小名山	70

《楞严经》	70
临济宗	71
丛林制	71
七房	71
唐招提寺	91
陈从周	91
清代扬州八大名刹	100
打七	107
拈花示意	109
跑香	110
高鹤年	115
法相宗	122
西天灵鹫山	122
天台宗	122

一 龙城延绵，钟磬绕耳
——常州天宁寺

在江苏省常州市的城东南角，静静伫立着一座禅寺。自唐代贞观、永徽年间（627～655年）起，它已经历了1300余年的风雨沧桑，它便是常州天宁寺。它的创始人，是创立了禅宗牛头批派的唐代禅师法融。相传法融曾得四祖道信传授禅法，但四祖衣钵已传至五祖弘忍，法融便在南京西南牛头山幽栖寺潜修禅法，自立一支，便创立了禅宗牛头批派。牛头宗曾盛极一时，到了宋代以后逐渐衰落。

1. 历经风雨，布道不悔

和许多禅寺一样，天宁寺在其历史上也遭遇过数次易名、屡毁屡建的经历。

唐天复年间（901～904年），维元禅师"施舍利、卜寺址"正式建寺，命名为"广福寺"；到了唐末，天宁寺更名为"齐去寺"；北宋熙宁三年（1070年），人们称现在的天宁寺为"万寿崇宁寺"；到了政和元年（1111年），"崇宁寺"改为"天宁寺"；南宋绍兴七年（1137年），"报恩广孝寺"又代替了"天宁寺"；而至元代至元年间（1335～1340年）又复称天宁寺，一直沿用至今。历史上的天宁寺，以各种名称出现在世人面前，而其兴衰经历，也给不同时期的天宁寺赋予了不同的面貌。我们现在看到的天宁寺，是经过五毁五建的结果。而现存的主要殿宇，是清朝同治、光绪年间修建的，当时普能、善净禅师和冶开禅师等致力修建。其间还遭遇太平兵火，天宁寺一度破败不堪，冶开法师发下宏愿四处募捐，逐步修缮，前后40余年，才形成了今日"基广百亩、殿宇宏峻"的格局。及至民国14年（1925年），天宁寺已颇具规模，共有殿堂楼阁及僧寮杂舍479楹，常住僧

天宁寺山门
历经风雨屡毁屡建，天宁寺才有了如今的容貌

众800余人，寺基130余亩。

"文革"期间，全国上下无数寺庙惨遭毁坏，常州天宁寺亦未能幸免于难。佛像、经书、文物法器，寺院中的器物均在浩劫中荡然无存，连寺院的殿堂房屋都被单位和居民占用，寺庙破落，不能不令人扼腕叹息。

1979年，在常州市政府的主持下，天宁寺得以全面修葺，并作为佛教活动场所对外开放。整修一新的天宁寺又恢复了昔日的光辉容颜，重现了当年"栋宇摩霄汉，金碧灿云霞"的胜景。自开放以来，天宁寺游客络绎不绝。据不完全统计，天宁禅寺自修复开放以来，每年接待国内外参观、旅游者60余万人次，是名副其实的佛教圣地和旅游圣地。

天宁寺群佛像
群佛金碧辉煌,气势宏伟,同天宁寺在佛教中的地位相互呼应

小知识◎禅宗

又称宗门,是汉传佛教宗派之一。禅宗始于菩提达摩,盛于六祖惠能,中晚唐之后成为汉传佛教的主流,也是汉传佛教最主要的象征之一。汉传佛教中,以禅宗最具独特的性格。禅宗祖师会运用各种教学方法,以求达到这种境界,这又称开悟。其核心思想为:"不立文字,教外别传;直指人心,见性成佛",意指透过自身实践,从日常生活中直接掌握真理,最后达到真正认识自我。

◎禅宗四祖

即道信。隋文帝开皇十三年,向禅宗三祖僧璨求法,后在吉州符寺受戒,26岁时被三祖授以衣钵。唐高祖武德八年(625年)于黄梅破额山正觉寺传经讲法。唐太宗李世民慕其名,多次派使者迎其入宫。他坚辞不去,被赐以紫衣。于唐高宗永徽二年坐化。后被唐代宗谥为"大医禅师"。元泰定年时加号"妙智正觉禅师"。

2."东南第一丛林"
——常州天宁寺的建筑布局

天宁寺建筑巍峨大气,宏伟庄严,寺后有天宁林园,细腻灵动,法寺和园林前后辉映,建筑和丛林相得益彰,构成极其美妙的景致,加之其规模宏大,闻名遐迩,甲于东南,故又有"东南第一丛林"的美称。天宁寺还与镇江金山寺、扬州高旻寺、宁波天童寺并称为东南禅宗四大丛林。

天王殿

天宁寺山门古朴而宏伟,山门的顶端盘旋着两条雕刻而成的蟠龙,抬头就能看到四个凝重的大字"天宁禅寺"。门前一对高达两米的石狮雄赳赳气昂昂,镇守着整个寺院。东首石狮为公,脚踏绣球,象征权力;西首母狮,足下有幼狮,意喻延续后嗣。庄重之中,也给禅寺增添了不少世俗色彩。

跨入山门后,走过一条长达30米的用金山石铺成的宽阔甬道,尽头便是天王殿。天王殿是一座重檐歇山顶结构的古建筑。所谓重檐，指的是房屋上下两重出檐。而歇山顶更是别具特色，四面斜坡的屋面上，都有转成垂直的三角形墙面，有一条正脊，四条垂脊和垂脊下端处折向的四条戗脊，所以又称九脊式顶。天王殿中间供佛的神龛可谓令人称奇的艺术珍品，飞檐翘角下的四根立柱上盘踞着一条立体的蟠龙，檐的四周更有88尊佛像、四大天王、四大佛山，集天地于一隅，不仅是工艺精美的艺术品，更有佛家广纳天地的深刻含义。

大雄宝殿

从天王殿出来，映入眼帘的是一个"田字形"的大院，院内花木丛生，桂花、银杏、樱花、水杉、广玉兰、月季等广植庭中，碧绿葱葱，令人倍感惬意。正对面便是大雄宝殿，与天王殿在同一纵轴线上。

大雄宝殿复建于清光绪年间，"大雄宝殿"四个大字出自清代光绪年间翰林院编修、常州书法家费念慈之手。大雄宝殿和天王殿一样，是重檐歇山顶式建筑，由柱、梁、枋、桁、檩、椽、瓦等构件组成，面阔26.4米，进深28米，高25.8米，面积1031平方米。大雄宝殿内供奉着三尊大佛，这座俗称"三世佛"的宝殿，是全寺最大的殿宇。如此高大巍峨的殿堂，在国内也是极罕见的，游览过天宁寺大雄宝殿的人，无不为这琳宫梵宇的非凡气度所折服。这三尊大佛，正中是释迦牟尼佛，为佛教创始人。东边是东方世界药师琉璃光佛，西边是西方极乐世界阿弥陀佛。殿内的各式砖雕更是精美绝伦，木刻的飞禽走兽，形象生动，细腻典雅。

大雄宝殿悬挂着三盏琉璃灯，也堪称绝伦艺术品。香樟木材质的内饰经过精雕细刻组装而成，琉璃灯四周，凸雕的龙盘绕在直径只有

4寸的圆柱上。

  乾隆皇帝六下江南,曾三次到天宁寺拈香礼拜。而1761年,乾隆第三次来到天宁寺时,正巧赶上大雄宝殿竣工落成,乾隆大喜,亲笔题写了"龙城象教"的匾额。"龙城"指的是常州,而佛教有一别称"象教",是以得名。

  大雄宝殿之中,还有一样宝物,叫做"海岛观音"。这是一组彩塑像,共有大小127尊,高达13米,配以起伏的山峦、汹涌的海涛,整个场景蔚为壮观。群像中心人物是立在鳌头上的观音,赤着双脚,手持杨枝净水瓶,内装神厅的甘露水,尽显观音"普度众生"的风范。观音之外,还有上百个小立像,由"善财童子五十三参"故事中的人物组成。这组群像布局紧凑,结构合理,据说还具有震慑邪恶、诸恶

天宁寺大雄宝殿
大雄宝殿是天宁寺内最大的佛殿,和天王殿一样,也是重檐歇山顶式建筑,殿内供奉着三尊大佛,俗称"三世佛"

莫作的佛教文化感染效果。

围绕在天王殿和大雄宝殿左右的配殿，是文殊殿、普贤殿、观音殿和地藏殿。这四座大殿形成四角等边，四大菩萨同塑一寺，各居其显灵说法的道场，象征中国佛教四大名山——山西五台山、四川峨眉山、浙江普陀山、安徽九华山。佛教信众认为，凡到天宁寺进过香的人，就好比拜过佛教四大名山了。

五百罗汉堂、玉佛殿

五百罗汉堂也是天宁寺中一座重要的佛堂。五百个罗汉分列四排，全身贴金的罗汉均为坐姿，每尊都有一米左右高。五百罗汉千姿百态，妙趣横生，甚是壮观。不过我们现今看到的这五百罗汉，并不是历史的遗迹，经过"文革"浩劫，原本的五百罗汉无一幸免，悉数被毁。现今罗汉堂中的罗汉，出自浙江民间艺人徐永伟之手。1984年至1986年间，徐师傅率徒历时两年，完成了五百罗汉的塑造工作，重现了历史的原貌。

现在的常州人每逢春节还有到天宁寺去"点罗汉"的习俗。所谓"点罗汉"，是指人们按照自己的年龄，任选一个罗汉作为起点开始数罗汉，待到数至自己的岁数时停止。传说此时眼前的这个罗汉的表情，能够告知你下一年的命运，这"点罗汉"也算是一种占卜吧。

天宁寺的玉佛殿在江南寺庙中也是不多见的。玉佛殿中的玉佛均由佛国缅甸请回。天宁寺有三尊大型卧像玉佛，一尊长达5.3米，重12吨；另外两尊长3.8米。卧佛所刻绘的是佛祖80岁涅槃时的形象，佛祖头部朝北，右臂枕头，在向弟子嘱咐后事。这种卧佛又称"吉祥佛"。卧像雕刻精美，佛祖面容宁静慈祥，两眼微合，从容自在，没有丝毫痛苦的感觉，艺术地再现了释迦牟尼进入涅槃时的神态。

天宁寺宝塔——"人间神塔"

天宁寺宝塔也坐拥着一个"最"字：它是全世界最高的佛塔，它高达153.79米，相当于51层楼高。宝塔建筑精美，精湛的细节令人称奇。

五百罗汉像
江苏常州天宁寺

比如，在宝塔的塔基上，建有1000座汉白玉小宝塔，场面蔚为壮观，被誉为"神州第一塔林"。千余块经文碑镶嵌于塔林间，全国历代书法大师和海内外500多名高僧书写的佛教经文镌刻于其上。夜幕降临，华灯初上，宝塔亮起灯来，塔顶金碧辉煌，塔身五光十色，这样壮美的景象使得天宁寺宝塔被冠以"人间神塔"的美誉。

在一些重大节日，这座"人间神塔"更成为常州当地人祝福、举行仪式的场所。比如，每逢农历初一、十五，天宁宝塔都会举行由寺庙僧人和游客一起参加的礼塔、绕塔仪式，场面十分隆重。

每年元旦和除夕的撞钟仪式也颇受常州市民欢迎，新年撞钟祈福，已然成为常州的一种风俗。在天宁寺塔最顶层的梵音阁内悬挂着全国最高的钟。这口青铜宝钟高3.2米，重达15吨，离地面足有118米。由于悬挂高，这口钟暗含着"高中"的含义，是以每年逢中考、高考，许多家长都会带着孩子来此撞钟祈求"金榜题名"，和新年祈福一样，也成为一项传统。

天宁寺塔构造精美，而最为令人称奇之处，莫过于其地下八明八暗16座地宫，堪称全国第一地宫群。目前，只有"天字宫"和"地字宫"对外开放，不过从这二宫中，我们仍可以窥得整个地宫的光华风貌。

一进"天字宫"门，银色的光芒扑面而来。天字宫银装素裹，又称"银宫"，顶上银灯，地上银砖，四壁中汉白玉雕刻的318尊栩栩如生的释迦牟尼佛像更将这银色的氛围衬托得更为明亮。与"天字宫"相对应，"地字宫"也叫"金宫"，金色是"地字宫"的主色调，金碧辉煌的殿内供奉着一个无价之宝——佛祖的"血舍利"，实属世间罕见。

除地宫外，天宁寺宝塔的地上部分还供奉着形态各异的佛像、佛器，其中不乏稀世珍品。如13层中，有一尊拥有500多年历史的释迦牟尼古佛像，它是用整块的天然水晶雕琢而成的，只高57公分，却重达50公斤，可谓集分量于方寸之间。此外，宝塔内还有一尊稀世玉佛足，取于200亿年的纯天然宝石长河玉，是一件传世圣物。

小知识◎禅宗五祖弘忍

东山法门开创者，被尊为禅宗五祖。祖籍浔阳（今江西九江），后迁居蕲州黄梅（今湖北黄梅）。生于隋仁寿二年（602年），俗家姓周。《祖堂集》卷二称他"幼而聪敏，事不再问"。

◎禅宗牛头批派

牛头批派是受到三论宗与天台宗影响,在中国南方地区所发展出的般若南宗,其领导者为牛头法融,因此又称牛头宗。

◎善财童子五十三参

据佛学上说,善财童子虚心好学,历尽千辛万苦,走过100多个国家,参拜了53位"善知识",最后回到本师文殊身边,终成正果。这个故事似乎在告诉人们"求知不畏难,有志者事竟成"的道理。

善财童子
据说善财童子虚心好学,历尽千辛万苦,走过100多个国家,参拜了53位"善知识",最后回到本师文殊身边,终成正果

3. 布道弘法，墨客留声
——禅宗道场天宁寺

天宁寺是我国佛教禅宗的著名道场，法会昌盛，名闻遐迩，禅教并重，对佛学的研究和弘扬卓有贡献。

早在晚清年间，天宁寺就开始修建正式的学堂步道。宣统三年（1911年），住持显彻建"学戒堂"传授道义。到了民国29年（1940年），"学戒堂"更名为"天宁佛学院"，专门传授佛学课程，各地寺院僧众都前来参学、挂单，甚至精通教理、有一定佛学造诣的高僧大德也前来天宁寺请教佛理，其中包括虚云长老、中国佛教协会前会长圆瑛法师、中国佛教协会前名誉会长应慈法师、高僧月霞等佛门龙象。"天宁佛学院"的学僧最多时有140名。民国第一任江苏都督程德全（1860～1930年）1926年下野后，看破红尘，一心向佛，亦来到天宁寺皈依冶开禅师受戒。

现今的天宁佛学院为两层木结构楼房，整体为"回"字形四合院格局。经1989年4月到1990年9月的修复后，天宁寺佛学院初具规模，有房屋56间，面积达3310平方米，楼下有内走廊，四周环通。佛学院中"学戒堂"的匾额,乃是著名书法家苏局仙108岁时的作品。

在经过46年的停办后,天宁寺佛学院于1995年3月复课,现为初级学院。

天宁寺内所藏典籍丰富,寺内建有"储刊楼"和"刷经楼",刻制经版,刊印各种经书,发行海内外,香港、台湾等地寺院所用的经书,至今仍有天宁寺的版本,这足见天宁寺在佛教中影响之盛。

诗人的吟唱——徐志摩与《常州天宁寺闻礼忏声》

风流倜傥的才子徐志摩,偏偏心仪常州才女陆小曼,这是一段众口相传、争议纷纷的姻缘。当然,徐志摩与常州的邂逅不仅仅在于陆小曼,还在于天宁寺。徐志摩的散文诗作《常州天宁寺闻礼忏声》,给天宁寺增添了一层浪漫色彩。

徐志摩与陆小曼
徐志摩和陆小曼的爱情可谓中国近代史上的一段奇缘,而生长在常州的陆小曼将徐志摩吸引至常州,还因此和天宁寺有了一段美丽邂逅

一日，徐志摩与驰君、瞿世英（菊农）二位友人同游常州，到了天宁寺，忽闻大殿上一两百位僧人礼忏之声。顿时，诗人被这禅意悠远的礼忏声所震撼，仿佛喧闹市井中登时射出一道佛光，照得人心头瞬间宁静下来。诗人走进大殿，浓馥的檀香扑鼻而来，丝丝沁入人心，香柱上升腾出青色的氤氲，一直升腾到三世佛面前，更是一种"庄严而和蔼、静定的境界"。钟磬和鸣，佛号齐诵，一种和谐之境凝成、散开，形成一种奇妙的佛教境界，更有一番高远的美学意境。

诗人的灵感喷薄而出，出了天宁寺，淡淡的墨水便化作一行行诗句，一缕缕情怀：

有如在火一般可爱的阳光里，偃卧在长梗的、杂乱的丛草里，听初夏第一声的鹧鸪，从天边直响入云中，从云中又回响到天边；

有如在月夜的沙漠里，月光温柔的手指，轻轻的抚摩着一颗颗热伤了的砂砾，在鹅绒般软滑的热带的空气里，听一个骆驼的铃声，轻灵的，轻灵的，在远处响着，近了，近了，又远了……

有如在一个荒凉的山谷里，大胆的黄昏星，独自临照着阳光死去了的宇宙，野草与野树默默的祈祷着。听一个瞎子，手扶着一个幼童，铛的一响算命锣，在这黑沉沉的世界里回响着；

有如在大海里的一块礁石上，浪涛像猛虎般的狂扑着，天空紧紧的绷着黑云的厚幕，听大海向那威吓着的风暴，低声的，柔声的，忏悔它一切的罪恶；

有如在喜马拉雅的顶巅，听天外的风，追赶着天外的云的急步声，在无数雪亮的山壑间回响着；

有如在生命的舞台的幕背，听空虚的笑声，失望与痛苦的呼吁声，残杀与淫暴的狂欢声，厌世与自杀的高歌声，在生命的舞台上合奏着；

我听着了天宁寺的礼忏声！

这是哪里来的神明？人间再没有这样的境界！这鼓一声，钟一声，磬一声，木鱼一声，佛号一声……乐音在大殿里，迂缓的，曼长的回荡着，无数冲突的波流谐合了，无数相反的色彩净化了，无数现世的高低消灭了……

这一声佛号，一声钟，一声鼓，一声木鱼，一声磬，谐音盘礴在宇宙间——解开一小颗时间的埃尘，收束了无量数世纪的因果；

这是哪里来的大和谐——星海里的光彩，大千世界的音籁，真生命的洪流：止息了一切的动，一切的扰攘；在天地的尽头，在金漆的殿椽间，在佛像的眉宇间，在我的衣袖里，在耳鬓边，在官感里，在心灵里，在梦里……

在梦里，这一瞥间的显示，青天，白水，绿草，慈母温软的胸怀，是故乡吗？是故乡吗？光明的翅羽，在无极中飞舞！大圆觉底里流出的欢喜，在伟大的，庄严的，寂灭的，无疆的，和谐的静定中实现了！

颂美呀，涅槃！赞美呀！涅槃！

宝塔化巨烛，福音抚亡灵

上天宁寺宝塔撞钟祈福，已成为常州一大风俗。2008年汶川地震发生后，天宁寺宝塔又被赋予了新的使命——2008年5月，汶川地震后99个小时，天宁寺宝塔通过灯光变化，化作一支巨大的蜡烛，点亮夜空，为地震中的亡灵祈福。这是一场名为"心系汶川，平安是福"

的祈福活动。在为期三天的的祈福活动中，数万市民自发地手捧莲花蜡烛，按佛教仪式捧烛绕塔为受灾的同胞消灾祈福。还有人在宝塔前，摆出一个又一个心形图案，表达内心最质朴的祝愿。一方有难，八方支援，在这为期三天的祈福活动中，还有不少人捐献善款，为四川灾区人民重建家园贡献一份力量。

四川有难，八方祝福。佛门圣地，更敞开它大慈大悲的胸怀，将巨大的创伤和痛苦化作点点烛光，将滚烫的热泪化作默默的祈祷，抚慰着因地震亡故的灵魂，相信天上的灵魂在佛光的笼罩下，能够安息。

二 有鹤东来

——镇江焦山定慧寺

定慧寺位于江苏镇江焦山南麓，是一座拥有1800余年历史的古寺。焦山风光秀丽、树木丛生，定慧寺好似一得道隐者，静静藏在焦山之中，故有"焦山山裹寺"之称。定慧寺传承禅宗曹洞宗派，以定慧寺为中心形成"焦山系"，在佛教中有不可替代的地位。定慧寺历来高僧辈出，名士云集，许多文人墨客如王羲之、郑板桥等，都在定慧寺留下过踪迹。

1. 千年古刹的前世今生

定慧寺始建于东汉兴平年间，原名普济寺，在宋朝时被称为普济禅院，到了元代，又改称焦山寺。直到清朝康熙皇帝南巡，游焦山时才将其改名为"定慧寺"，并一直沿用至今。

定慧寺的全盛期在明朝。其时定慧寺有殿宇98间，和尚300人，参禅僧侣数万。定慧寺不仅规模宏大，寺庙两旁还有18个庵寺，被称作"十八房"。这样的规模决定了它在禅寺中的显赫地位，定慧寺曾有"十方丛林"、"历代祖庭"之称。

"定慧"二字充满禅意，"由戒生定"，定而发慧，因定发慧和寂照又融。去掉一切私心杂念，思想高度集中，需要"定"，"闻、思、修"，方能成就大智慧。"定慧"二字是佛家修行之纲领，颇有深意。

焦山景致
如今的焦山,亭台楼阁错落有致,与山水相和,是旅游胜地

2. 大江东去，群山西来
——定慧寺的建筑布局

"焦山山裹寺"

说到焦山定慧寺，不得不先说焦山。焦山伫立在镇江东面的长江之中，故素有"中流砥柱"之称。焦山本名"樵山"，东汉末年，隐士焦光避居此地，由此得名"焦山"。焦山70余米高，在焦山的东西两峰之间，有一小峰，被称为"别峰"。焦山别名众多，如"樵山"、"狮子山"、"双峰山"、"浮玉山"等。

焦山郁郁苍苍，满山青翠，诗人李白站在焦山上"望松寥山"，写下诗句："石壁望松寥，宛然在碧霄……仙人如爱我，举手来相招。"绮竹苍松，翠色欲滴，焦山如一块玉石浮于江门，"浮玉山"的别名便由此而来。

郑板桥诗云：

> 静室焦山十五家，家家有竹有篱笆。
> 画来出纸飞腾上，欲向天边扫落霞。

焦山山裹寺，寺庵楼阁掩映于茂林修竹之中，若隐若现，别有一番禅意，位于南麓的定慧寺便是其中一座不可忽视的佛家大寺。

走近这座山中禅寺，回首望山，又别有一番风景。由于定慧寺山门朝南而开，面对象山，游人从山门向外展望，大有"大江东去，群山西来"之感，心胸顿时开阔，忘却尘俗。古色古香的山门不算气派，低调不张扬，但庄重典雅。门楣上茗山大佛师亲书的"焦山定慧寺"五个大字匾额，笔力刚劲，潇洒空灵，令人读之如闻佛道。在山门迎面的照壁上，明代进士胡缵宗所题的"海不扬波"四个大字，显示了佛教世界清平之意。尚未入佛殿，便能体会这山中禅寺的意蕴。

定慧寺山门
焦山山裹寺，拥有1800余年历史的定慧寺静静躺在焦山的怀抱里，等待更多的历史被书写

定慧寺建筑

　　主体建筑大雄宝殿保持着明代的风格,屋顶雕龙画凤,图案之精美,实属罕见。殿内,一盏长明灯高悬半空,佛音生生不息。清朝皇帝康熙所写"香林"二字在烛光香烟之中闪烁,更显庄严肃穆。殿内供奉着释迦牟尼、药师、弥陀三尊大佛,主佛像的背后,是海岛"善财求法"壁塑。整个海岛图表现的是学佛修行的过程,透出佛国的庄严。所塑佛像依据佛教《华严经》的"善财五十三参"的传说来塑造和布局。

　　大殿前的银杏树也是焦山一景。两株近500年的银杏树高大参天,虽饱经风霜,却依然枝繁叶茂,春华秋实,至今依然果实累累,被称为"活化石"。大雄宝殿西侧的院子里,一口号称"东冷泉"的人工井颇为传奇。相传,它是焦光炼丹取水之处,又称"炼丹井",颇带有一点仙气。

　　定慧寺东的观澜阁是乾隆皇帝南巡时的行宫,这是一座精致小巧的古雅庭院。行宫是两层建筑,在古代时,凭栏观海闻惊涛,波澜壮阔,潮声震天,"观澜阁"是以得名。阁前一排古枫,东、南、西三面明窗若镜。坐在楼上,一览长江美景,眼前花木扶疏,远处江波汹涌,真似神仙做伴,别有一番幽情。

　　定慧寺西南,有一座临水的两层建筑,面临大江,背倚峭壁,便是华严阁。"华严"便是《华严经》中的华严,而在这里,则是比喻"百花齐放,包罗万象"的胜景。华严阁别有一番浪漫情调,是赏月佳处。皓月当空,天空碧玉如盘,江上银涛流泻,波光粼粼,天上人间,交相辉映。华严阁的北面有一堵花墙,嵌着"龙飞凤舞"四个大字,据说这是清代两江总督徐传龙的手迹。每到端午时节,镇江居民会在江

焦山行宫
观澜阁是焦山行宫的主要建筑，明窗若镜，坐在楼上能一览长江美景，更有扶疏花木围绕楼的四周，相映成趣

上赛龙舟，焦山上被惊起的百鸟直冲云霄，大有"龙飞凤舞"之景，这四个大字就是描绘赛龙舟的场景。

"安稳岩"是华严阁东侧的一个小山洞，洞口石壁上嵌有苏东坡的石刻画像和焦山十六景咏诗。在焦山东峰绝顶，还伫立着一座"吸江楼"。楼上四面开窗，扶窗远眺，浩瀚长江向东流，壮阔场景尽收眼底，江涛激浪的声音和人的呼吸相应和，故有"吸江"之名，大有"吞吐三江水"的豪情。从楼上看去，碧野辽阔，阡陌纵横，一望无际，江南苍翠青山，连丘叠嶂，尽收眼底，令人神清气爽。

3. 焦山宗法，定慧一脉

焦山自古是佛家重镇，并自成"焦山系"。曹洞宗瑞白明雪之法孙古樵智先住定慧寺40年，致力于振兴曹洞宗风，定慧寺因而成为近世中国曹洞禅的主要据点。

自古樵之后，焦山系亦有所发展。法孙济舟澄洮在乾隆皇帝南巡至焦山时，曾奏上、奉答，而受到特别的赏赐。济舟之法孙巨超清恒长于诗文，著有《借庵诗草》，其法嗣性源觉诠擅长华严，持律坚固，修净业，著书亦多，有《宗镜目录》、《毕竟毗尼》、《普坤法》、《出世上上禅》、《反约集》等书。到了巨超五世法孙，正逢太平天国之乱，江南一带佛教寺院大多被毁，月辉、恒春、凡涤、超尘、一诚、智林、明道、凡超、了因、净因、木森、圣举等人死守定慧寺。乱后，芥航大须致力整顿伽蓝，创说戒法，并摄取净土教，才使得焦山系之曹洞禅得以持续发展。

民国初年，佛教界出现革新运动，太虚大师提倡僧伽制度改革，主张人生佛教，当时的定慧寺住持智光法师积极支持太虚大师之佛教革新，并于民国23年（1934年）创办焦山佛学院。1949年以后，佛教各宗派大团结。1953年，中国佛教协会成立，提倡人间佛学思想，以净化自己、净化人心为目的，实现人间净土。

近代以来，焦山定慧寺仍按曹洞宗法系传承，但坚持念佛、打七、讲经，实为禅净双修之丛林。茗山法师为曹洞宗第四十八世传字辈。当今定慧寺住持心澄法师为曹洞宗第四十九世法字辈。

小知识◎《华严经》

《华严经》，全名《大方广佛华严经》，是大乘佛教修学最重要的经典之一，被大乘诸宗奉为宣讲圆满顿教的"经中之王"。据称是释迦牟尼佛成道后，在禅定中为文殊菩萨、普贤菩萨等上乘菩萨解释无尽法界时所宣讲，被认为是佛教最完整世界观的介绍。

◎焦山系

指承嗣曹洞宗系谱中，以焦山定慧寺为中心而兴盛的一派。

◎曹洞宗

禅宗南宗五家之一，由良价禅师在江西宜丰洞山创宗，其弟子本寂在吉水（今江西宜黄县）的曹山传禅，故后世称为曹洞宗。

4. 弘道高僧
——茗山法师

定慧寺历来高僧辈出。在近代历史上，茗山法师是其中最具代表性的得道高僧。

茗山老法师俗家姓钱，名延龄，江苏省盐城县人，1914年出生。他自幼随母信佛，19岁在家乡寺庙剃度出家，20岁到镇江焦山定慧寺受具足戒，正遇上定慧寺开办焦山佛学院，茗山于当年秋天考入佛学院，时为1933年。从佛学院毕业后，茗山又于1936年溯流而上，来到武昌，并考入太虚大师所设立的武昌世界佛学苑研究班。不幸的是，1937年抗日战争爆发，佛学苑因此停办。

抗日战争期间，茗山法师在湖南各地游历，办理佛教会会务，创办佛学讲习所，在战火中仍不忘布道传理，还出任过衡阳、耒阳、宁乡一带寺院的住持。抗战胜利后，茗山回到焦山定慧寺，担任定慧寺监院，兼佛学院教务主任，并主编了院刊《中流》，在佛教界影响颇大，进而波及日本乃至东南亚一带。1947年春，茗山法师出席中国佛教会代表大会，当选为中国佛教会理事。

1949年以后,茗山仍就席焦山,但由于各种政策所限,茗山一度主要从事劳动生产工作,佛事难以展开。"文革"期间,茗山更被迫离开寺院,遣回原籍,下乡劳动。到了1978年底,中央落实宗教政策,开放重点寺院,茗山才又被重新召回焦山,继续在定慧寺任方丈。

复任后,茗山法师继续致力于佛教教育。1982年,受中国佛教协会原会长赵朴初居士委派,茗山赴南京栖霞寺筹办"中国佛教协会栖霞山僧伽培训班"。同年11月,茗山法师以定慧寺方丈的身份,兼任栖霞寺方丈。一年后,开始筹办中国"佛学院栖霞山分院",并出任第一任副院长(院长为赵朴初),培养佛教人才。

20世纪80年代以后,茗山先后出国访问过香港、泰国、美国、

栖霞寺
位于南京东北22公里处的栖霞山上,始建于南齐永明七年(489年)。梁僧朗于此大弘三论教义,被称为江南三论宗初祖。1983年该寺被国务院确定为汉族地区佛教全国重点寺院

台湾、斯里兰卡、新加坡、日本等国家和地区，每次授课，都座无虚席。1994年春夏间，81岁的茗山老法师到台湾讲经、传戒达53天。他在台湾看望了阔别57载、早年在武昌世界佛学苑研究班的老学长、高龄89岁的印顺法师。

1992年，老法师不顾年迈体弱，于9月、10月，在隆昌寺恢复中断了35年的传戒大典，戒子近千人，老法师担任得戒和尚。茗山法师晚年驻锡焦山定慧寺，他不仅佛学造诣颇深，而且精诗文、擅书法，有《茗山文集》行世，此外尚有《华严经普贤行愿品讲义》、《弥勒上生经讲义》等流通。

茗山法师于2001年6月1日下午5时55分圆寂，世寿88岁，僧腊68年，戒腊67年。

5. 山不在高，有仙则名
——文人墨客与定慧寺

焦光三诏不仕

从定慧寺内的百寿亭蜿蜒南下，就到了焦光三拒御诏不肯出仕的三诏洞。

"焦山"因焦光得名，焦光三诏不仕的故事更是焦山的一段佳话。

东汉末年，天下大乱。河东地方有一名叫焦光的有德之士，痛恨东汉王朝政治腐败，不愿入朝为官，与奸佞同流合污，便一个人跋山涉水，来到江南的镇江，在当时叫做"樵山"的山上隐居下来。当朝皇帝听说焦光有贤有能，就派官员去请焦光出仕。

第一次，官员先是到了焦光的故乡，但听说焦光到了镇江，又下江南寻觅。在跑遍了镇江城里城外的金山、北固山、五洲山、黄鹤山、磨箕山、京岘山等处之后，终于找到了樵山。在山上，这钦差只见到几个渔民在树林中砍柴，都是苦力装束，而焦光正在其中，但这钦差见其穿着破旧、其貌不扬，愣是没有认出他来，只好回京复旨，说没找到焦光。皇帝大怒,说隐士就住在山洞子里修仙炼道,令其再去镇江各处山洞里寻访。

于是,那钦差第二次上了樵山,居然还真在半山腰找到了焦光住的石洞,只见焦光在洞中以石板为床,正坐在床上读书。钦差一看高兴极了,忙上前行礼,问道:"你可是隐士焦光吗?我奉皇帝圣旨,请你下山进京做官。"焦光用手指指自己的耳朵,又指指自己的嘴巴,摇摇头。钦差一想坏了,这人又聋又哑,就把诏书拿给焦光看。焦光看了诏书,不住摇头,起身向石灶里掏了一些柴禾灰在地上,又取了一根细木柴,在灰上面写起字来:"我非焦光。"钦差大失所望,想又一次"寻隐者不遇",回京又得挨一顿骂。

三诏坊
竖立三诏坊,就是要纪念焦光这样一个不为荣华富贵所动的隐士

皇帝果然大怒："瞎了眼睛的糊涂虫！"于是派兵去那座山洞，不管焦光愿不愿意，都得把他带到京城来。哪知焦光早料到这点，早早离开了山洞，在后山下江滩边，用竹子搭了个又矮又小的茅草棚，名曰"蜗牛庐"。官兵在山洞又扑了个空，只好灰溜溜回京。

后有诗赞：

> 皎皎高贤疑是仙，深心难测孝然边。
> 智推三诏逍遥洞，幽僻山门自在天。
> 云雾阁中宜独坐，蜗牛壳里好安眠。
> 清风袖底如知己，得傍瓜庐又一年。

王羲之《瘗鹤铭》与定慧寺

一年春天，王羲之偶然路过焦山南麓的一座小寺庙，本不欲停留，不想耳旁忽闻鹤鸣之声。只见一双仙鹤突然亮翅，直飞云霄，在天空中盘旋起舞，两个雪白的影子在空中上下翻飞，很是一番得意自在的境界。王羲之不觉看得呆了，而他的手指也情不自禁地跟着双鹤舞动的身姿在空中画来画去，边画边喃喃自语："要是写字能像这样漂亮，该有多好！"原来这两只仙鹤是定慧寺住持所养，王羲之向住持买下了这两只仙鹤，但苦于要远行，只好仍将这二鹤寄于住持照管。

下了焦山后，王羲之逆水而上，但仍念念不忘那对仙鹤的身姿。慢慢地，他终于从中悟得书法之道，达到出神入化的境界。

等王羲之再回焦山，却不见了那对仙鹤。原来在王羲之走后不久，雄鹤便病死，雌鹤也因此不吃不喝，不久就死去了。王羲之仿佛痛失知己，来到双鹤埋葬之地，挥笔写下对仙鹤的思念，名其曰《瘗鹤铭》，不经意间，成就了书法中的经典之作。近看字工笔势开张，点画飞动，变化无穷，不落俗套；远看却似仙鹤，有的伸长头颈，细长而纤巧；有的卧于地下，潇洒而妩媚；有的跷起一只脚，强劲而凝炼。这件作品，宛若仙作，历代书法家称之为"大字之祖"、"书家冠冕"。作品后刻于石碑之上，这块石碑成为无价之宝，被誉为"碑中之王"。后石碑散失，从江里捞出得五块残石，连成整块，嵌在焦山的宝墨轩正中墙上，几个潇洒纵横、雄浑奇妙的大字，吸引了无数游人。

《瘗鹤铭并序》刻石
清光绪二十二年（1896年）李国治刻，行、草、隶、篆四体俱全。《瘗鹤铭》原刻于江苏镇江焦山西麓崖石上，约为南朝作品。河南郑州博物馆藏

郑板桥与定慧寺

在吸江楼之西不远处，焦山双峰之阴的别岭上，绿竹幽林掩映着一座四合庭院，称"别峰庵"。别峰庵环境清幽，院内桂花两株，修竹几杆，点缀得恰到好处，是个读书佳处。"诗书画"三绝的郑板桥就曾经在这里读过书，至今门上还保留着郑板桥手书的"室雅何须大，花香不在多"的楹联，真是这清幽之地的最恰当描述。

关于郑板桥和定慧寺，还有一段美妙的传说。

据说，定慧寺当时的方丈特别喜欢字画，尤其喜欢扬州八怪的字

画,四处搜罗,却也只征得八怪当中七家字画。缺的那一家,便是郑板桥。方丈把七怪的字画挂在方丈室内,供游人欣赏,自是快慰,但缺了大名鼎鼎的郑板桥的,自是感到美中不足。

后来,郑板桥从山东弃官回乡。一日闲暇无事,便过江到镇江游玩。他来到矗立江心的焦山,正欲跨进定慧寺的庙门,迎面遇上庙里的方丈。方丈见来人举止文静,仪态洒脱,断定是一个有才学的文墨之人,便亲自把他迎进庙内,到方丈室坐下,叫小僧献上茶来。两个人一边饮茶,一边谈叙,相谈甚欢。

郑板桥喝着茶,忽而抬头看见方丈室壁上的名家字画,只见扬州八家之中已有了其他七家,唯独没有自己的,甚是好奇,便问:"你这里陈列着扬州七家的字画,为何缺少郑板桥的?"

方丈十分感慨:"不瞒先生说,郑板桥的字画,我是遍求不得!要是我这方丈室内,再挂上他的字画,那就更是满屋生辉了。"

郑板桥笑道:"长老可认得郑板桥?"方丈摇摇头:"贫僧无缘。"又道:"我只闻得郑板桥的画是宝画,到了夜间辉光闪闪,是件神物。"

半晌,方丈又道:"贫僧若能索到郑板桥一张宝画,那就三生有幸了!"

郑板桥随即笑道:"长老既如此惜爱,板桥不妨献丑,涂写数笔,以作纪念。"

方丈一听来人正是郑板桥,喜从天降,不仅欢喜,慌忙起身道:"久仰久仰,郑先生今日光临寒寺,又蒙慷慨赐画,真是万幸!"忙叫小和尚准备文房四宝。

但是方丈平时很少写字,郑板桥又来得如此突然,小和尚费尽心思,才找到纸墨砚三宝。方丈满腹盛怒,一面令小和尚找笔,一面自顾研墨。

不一会儿，见墨已研好，郑板桥便慢悠悠铺开纸，不等小和尚拿笔来，便操起一把洗锅的刷子，饱蘸浓墨，唰唰唰一挥而就，六根竹竿跃然纸上。方丈一看，这六根竹竿粗细浓淡，恰到好处，别有一番刚劲清高的境界。

这时候郑板桥放下刷子，就此搁笔，说是画好了。方丈一看顿时慌了神："这该如何是好？虽说六根竹竿画得不错，可是根根竹竿光秃秃的，没枝没叶，真是哭笑不得。"

方丈要求郑板桥把画面改一下。板桥摇摇头说："不能改，万万不能改！"没有任何商量的余地。

这时候，小和尚终于找到了笔。郑板桥接过笔来，在画上端端正正题了"六根清净"四个字。这时候方丈才恍然大悟，原来这"刷"出来的六根光竹竿，还有这番禅意。

三 千年等一回
——镇江金山寺

金山是扬子江中的一个岛屿,位于镇江市西部,因"大江曲流",到清光绪末年时,岛的左右与陆地连成一片。金山风光秀丽,景点众多。金山和焦山齐名,古人曾以"金山以楼阁胜,焦山以树碑胜"来评价两山。金山楼阁相连,满山都是金碧辉煌的建筑,故有"金山寺裹山"的说法。

历史传说和神话故事更是给金山平添色彩,也给金山寺蒙上了一层神秘面纱。苏东坡与佛印的故事成为金山寺一段佳话;白娘子水漫金山的故事壮烈而传奇,充满浪漫色彩;梁红玉擂鼓战金山,更是可歌可泣,悲壮动人。

历史的风霜,故事的传扬,金山寺名传四方。

1. 金山寺历史

金山寺相传为东晋元帝（或谓明帝）时所创建。梁武帝天监四年（505年），曾于本寺启建水陆忏法。

金山寺直到宋代才为世人所熟知。宋真宗咸平（998～1003年）初年，真宗派遣内侍蓝继宗敕赐大藏经。大中祥符五年（1012年），金山寺改称"龙游寺"。先后有昙颖、怀贤、佛印、义天、善宁、了心等高僧住此。

宋徽宗时，金山寺一度改为道观，易名"神霄玉清万寿宫"。至南宋淳熙年间，缊衷重修了金山寺，恢复为禅寺。清代时，康熙、乾隆两帝先后参访金山寺。康熙亲笔题名"江天禅寺"，是以在康熙二十五年（1686年）易名为"江天寺"，但是金山寺之寺号仍极流行。

"文革"时期，金山寺险遭劫难，著名的金山寺宝塔险被焚毁，后得茗山法师相助，才得以保全。现今，金山寺宝塔已成为镇江一景。

金山寺山门
金山寺兴盛于宋代,历代名僧大德云集

2. 金山寺裹山
——金山寺的建筑布局

金山寺依山而建，寺门朝西，而且亭台相连，令人无法窥视山的原貌。禅寺中"江天一览"、"天下第一泉"、"法海洞"、金山寺宝塔等，都堪称金山寺中的奇景。

江天一览

从金山寺天王殿后侧，登山可入夕照阁，拾级而上，则到了观音阁。观音阁南与妙高台、楞伽台，北与慈寿塔、法海洞椽接栋连，碧映丹辉。由楞伽台循级北登，可至金山的顶峰留云亭，在留云亭内可以看见康熙帝御笔"江天一览"石碑，这便是"江天一览"亭了。

据说康熙皇帝当年由"御码头"上岸，登临金山登顶峰，及目处，大江水天相连，气势雄伟，便即兴提起御笔，要留下"江天一览"四个字。但康熙提笔忘字，竟一时想不起"览"字怎么写，皇帝御笔难收，急坏了身边的大臣。随行一个大臣急中生智，高声道："臣今见驾！"康熙听罢省然，遂落笔写出"览"字。原来"览"字的繁体字"覽"便是"臣"、"今"、"见"三字组成，这大臣以此给皇帝提示，皇帝既不失面子，又写出了字。如今这"江天一览"成了金山寺一景，这段故事也成为后世的饭后茶点。

"天下第一泉"

在金山寺西约 500 米处，便是中泠泉。唐代刘伯刍评其为"天下第一"，今天，人们还可看到石栏的南壁上，刻着清末状元、镇江知府王仁堪书写的"天下第一泉"五个字。

泉水和茶文化相结合，让泉水在中国古代文人雅士间有着特殊的地位。"茶圣"陆羽走遍各地，尝遍天下泉水，取水煮茶。这在后来的文人中，也成为一种风尚。

唐宋年间，中泠泉还在长江中，汲水极不便利，必须在每日子、午两个时辰，用带盖的铜瓶，用绳子垂直吊到泉水中，迅速拉开盖子，才能汲取到中泠泉水。汲取之难，更显泉水之珍贵。宋人陆游有诗句提及汲取泉水之难："铜瓶愁汲中濡水，不见茶山九十翁。"后来因长江主干北移，令金山与南岸相连，中泠泉才移至陆地上。

随着环境的恶化，往日温润甘甜的泉水如今已难寻觅，据说现今的"天下第一泉"也只能时不时冒两个泡泡，工作人员定时打捞泉池中的水草和垃圾，算是护理了。往日的"天下第一泉"落得今日如此场景，不能不让人叹息。

金山岩洞

从慈寿塔往北，有数个幽静神奇的山洞。而其中"法海洞"、"白龙洞"则与白娘子的故事紧密相连。据说"法海洞"是金山寺祖师裴头陀——法海禅师苦修之处，洞中供着法海的塑像。在法海洞的背面，有一个"白龙洞"，这里面立着白娘子和小青的石像，当然这是后人依据神话传说塑造的。

这里就不得不说白娘子水漫金山的故事了。传说有一条白蛇修炼成人，嫁给青年许仙。原本日子过得和和美美，但金山寺的法海和尚知道这件事后，就劝说许仙出家，还把许仙藏在寺内，不让白娘子见夫君。于是白娘子就和法海打起仗来，她施展法术，霎时间水漫金山。法海以袈裟化为长堤拦水，水涨堤也长。白娘子不能获胜，只能和小青回去继续修炼，伺机报仇。后来许仙逃出，法海又施法术把白娘子镇压在西湖雷峰塔下。后来，小青又击倒雷峰塔，和白娘子一起打得法海躲进了螃蟹肚子里。后来人们把螃蟹体内的一种类似柱状的积淀物叫做"法海头"，这种积淀物不干净，不能吃。当然，大人会告诉小孩子，这是法海的头，所以不能吃。

在白娘子的故事里，法海是破坏青年男女自由恋爱和美满婚姻的罪魁祸首，人皆唾骂。但是真实的历史中，法海可是得道高僧。

据传，法海是唐朝宰相裴休之子。裴休笃信佛教，便送子出家，取名法海。他受父亲的影响，立志于佛学，在镇江开山种田，艰苦振寺，历尽千辛万苦，才创建了金山寺。至于他和白蛇的"纠葛"，原来是当时金山上寺宇荒废，荆棘丛生，还有蟒蛇为害，更有一白蛇，盘踞在现在的白龙洞中，常吐毒气，人一触即死。为了驱害，法海斗败了盘踞在洞中的白蟒蛇，驱蛇入海。大概这条蛇，就被传说为以后的"白娘子"了吧。

沿着白龙洞，向右上行，就到了"朝阳洞"。"朝阳洞"又叫"日照岩"，是金山上看日出的佳处。每当日出之际，这一带石壁迎着朝阳金光四射，染红了整个扬子江，场面蔚为壮观，岩壁上所刻"朝阳洞"三个大字系明代滕谧所书。

金山宝塔

一入镇江，金山之巅的金山宝塔便会冲进人们的视野。金山宝塔是镇江的标志、镇江的名片。

进了金山寺山门，穿过大雄宝殿，沿着层叠的石阶，便到了金山宝塔下。根据《金山寺志》的记载，这座宝塔已有1400余年的历史。在唐宋年间，金山有双塔，在宋朝时分别叫做"荐慈塔"、"荐寿塔"。后来，双塔不幸毁于火灾，明代时又重建一塔，合原来二塔之名为一，曰"慈寿塔"。清代咸丰年间，"慈寿塔"又毁于战火。现在我们看到的金山寺塔，是光绪二十年（1894年）金山寺住持隐儒向北京朝廷呼吁，受命募捐重建的。当时隐儒奔走南北，沿门托钵，多方募化，并得到两江总督刘坤一的支持，经过5年多艰辛努力建成此塔。

金山宝塔为砖木结构，七级八面，沿着旋式的木梯，游客可拾级而上，极目远眺。每层塔楼都有四面门，从各面看出去，风光各异。登上塔顶后，向东望去，焦山、北固山，群山皆收眼底；南眺则能望见镇江的繁华街景；向西望去，鱼池波光粼粼、长江浩浩荡荡，前者怡然一勺，娴静自在，后者烟波浩渺，云帆远济；而北面，古镇瓜洲和古城扬州在水雾中若隐若现，真是一览众山小。

正如王安石诗赞："数重楼枕层层石，四壁窗开面面风。忽见鸟

慈寿塔
慈寿塔远景

飞平地上,始惊身在半空中。"

"文革"中,金山宝塔险遭红卫兵焚毁。1966年9月底,镇江的中学生红卫兵在江天禅寺说要烧了金山宝塔,因为宝塔是"四旧"。这让李德柱等几名假扮成红卫兵的民警急坏了。红卫兵们说,这"慈寿塔"是两江总督张之洞为了讨好慈禧太后建的。慈禧过60岁大寿的时候,张之洞在金山造了个宝塔,起名慈寿塔,"慈寿",即为慈禧太后祝寿。李德柱立即反驳:"张之洞当时是湖广总督,也从来没当过两江总督,怎么会在镇江建塔。"红卫兵仍不死心,辩道:"那就是刘坤一建的,是他为慈禧祝寿。"

民警唐荣森用事实驳斥:"金山宝塔古时候就有了,后来倒了,

金山寺塔远眺

金山寺塔是镇江的名片,看见金山寺塔,便知到了镇江

清朝末年又重建，塔建好了是在1900年，那时，慈禧太后已经65岁了，刘坤一也早就死了。金山宝塔是劳动人民的建筑艺术，是古迹，而不是四旧。"

但是红卫兵的"造反有理"逻辑早已深入骨髓，哪里听得进去。红卫兵愈聚愈多，也有些红卫兵自动站在"假红卫兵"一边，说他们的同伴讲话自相矛盾，不可鲁莽，不能在未弄清情况之前焚烧慈寿塔。

这正好给了这几个假红卫兵喘息的机会，为了弄清楚历史的真实情况，他们还特地去焦山询问了茗山法师。茗山法师学识渊博，对慈寿塔了如指掌，将慈寿塔的历史娓娓道来。民警们听了大喜，忙回到金山寺，用历史资料和王安石的咏塔诗同红卫兵们据理力争，终于保住了宝塔。

小知识◎天下第一泉

事实上，中国被称为天下第一泉的不止一处。人们凭实践经验或实验进行命名，并有一些行之有效的水质测定方法：如以某水煮食物，易熟烂者水质较好的煮试法；用口品尝水的味道，越清淡水质越好的味试法。陆羽等人煮茗论水，应属于煮试和味试的综合运用。趵突泉、玉泉、中泠泉等都有"天下第一泉"的美誉。

3. 侠骨柔情
——金山寺传说

苏东坡与佛印

金山有四宝,其中一宝便是白玉带。这玉带原是苏东坡身上之物,却又怎么到了金山?

原来,佛印和尚正在给众僧讲经说法的时候,东坡走了进来。佛印一见东坡,便道:"学士从何处来?此间无坐处。"

自恃才高的苏东坡引佛典道:"暂借四大为坐。"

佛印见他卖弄学识,笑道:"学士有意论佛,我有一问,若学士能答,我便让坐,否则,留下腰间玉带以镇山门。"

东坡一听,欣然允诺,只听得佛印问道:"四大皆空,五蕴非有,学士何处坐?"

东坡一下子愣住了,答不出来,只好把玉带交给了佛印。佛印也慷慨回赠衲裙一件。

为此,苏东坡还特地撰写《以玉带施元长老,元以衲裙相报次韵》

金山寺远眺
远远望去,金山上楼阁相连,满眼是金碧辉煌的建筑,点缀于上的树荫丛丛,
实有"金山寺裹山"之感

以记其事,诗云:"病骨难堪玉带围,钝根仍落箭锋机。欲教乞食歌姬院,故与云山旧衲衣。"

小知识◎佛印

宋代云门宗僧人,苏东坡之方外知交,法号了元,字觉老,俗姓林,饶州(位于今江西省境内)浮梁人。自幼学《论语》等典籍,后礼宝积寺日用为师,学习禅法。曾登临庐山参访开先善暹,复参圆通居讷。二十八岁,嗣善暹之法,住江州(位于今江西省境内)承天寺。后历住淮山斗方、庐山开先、归宗,丹阳(位于今江苏省境内)金山、焦山,江西大仰山等刹。尝四度住云居;与苏东坡相交颇深;并整编白莲社流派,担任青松社社主,对于净土思想甚为关心。元符元年(1098年)一月四日示寂,享年67岁,法腊52,朝廷赐号"佛印禅师"。

◎金山四宝

即周鼎、铜鼓、玉带和金山图。

四 传道四方
——宝华山隆昌寺

宝华山隆昌寺位于江苏句容西北，距南京30多公里，按行政区划，在镇江市的管辖区域内。宝华山隆昌寺被誉为我国佛门"律宗第一名山"，已有1500余年历史。它是近代最大的传戒道场，享誉海内外。

1. "律宗第一名山"

隆昌寺建于502年,又名宝华寺,曾经还叫过千华寺、千华社。宝华寺的祖师是梁代高僧宝志和尚,他在隆昌寺结庵传经,名其曰"宝志公庵"。值得一提的是,宝志和尚便是民间广为流传的济公和尚的原型。

明朝万历年间,神宗敕赐大藏经及"护国圣化隆昌寺"的名称,于是宝志公庵改名为隆昌寺。神宗还御赐了护国圣化隆昌寺镇寺之宝印,至今被宝华寺奉为至宝。

清朝康熙、乾隆皇帝也多次驾幸隆昌寺,可见隆昌寺在佛教界影响之盛。

宝华山隆昌寺是目前国内最大的传戒道场,律宗法脉源远流长。其律宗法脉可追溯至古心如馨律师。古心是重振律宗道场的得道高僧。自唐代道宣律祖大力弘扬戒律,使律法真正在中国广泛传播后,他的南山律宗传承了20余代,之后便渐告寂息。古心除了重振道场而外,还在金陵古林庵、灵谷寺、栖霞寺、甘露寺,杭州灵隐寺、常州天宁寺弘演宣讲,得到了四方僧尼的响应,南山律法得以再度兴起。古心

古心律师像
宝华山的律宗法脉追溯到古心如馨律师,除了重振道场外,还四处宣讲,赢得四方僧尼相应

寂光三昧法师
寂光三昧法师在古心的弟子中成就最为显著,他鼎新旧业,影响颇为深远

律师被赞为优波离再世,为中国律法中兴之祖。

真正创建宝华山道场的是寂光三昧律师。三昧律师是古心的弟子中承嗣最晚的,他创建道场时,古心圆寂已有22年之久。但他却是古心弟子中成就最为显著的:在宝华山自建立南山律宗门户后,三昧律师鼎新旧业,仿东林莲社,建千华社,四方修行徒众,影响颇为深远,他生前住持了达百坛之多的戒席,受戒弟子遍布天下,宝华山律法也因此深入人心。

宝华山的律宗道场之所以兴盛,除了三昧律师开疆破土的创立,更有赖于他的杰出传人的维护和发扬。

宝华山第二代祖师读体见月承继法席后,创立规约,革除弊端,还将规约勒石铭记,警戒同修"一事一法,必遵毗尼",苦心惕励,护持正法。他自己更是精进不已,曾两度静修"般舟三昧"。顺治六

四 传道四方 | 51

年(1649年)，有徒故侮僧规，见月为了严肃戒规，建立了木戒坛，宝华山建坛传戒的历史由此开始。至康熙二年(1663年)，他又将木戒坛改为石戒坛，亲自设计样式，用莲座托之，请工匠在莲座上雕刻了精美的图案，还在周围修了护栏，加以保护。现在宝华山的石戒坛就是依其旧制复建的。

宝华山第三代祖师德基定庵，则是著述颇丰，颇有造诣。他著有《羯摩会释》、《比丘尼戒本会义》，在完善律学方面作出了巨大贡献。他还编纂了《宝华山志》12卷，为宝华律宗有专志之始，详载了宝华律宗法脉承传的始末。

宝华山第七代祖师福聚文海律师，清雍正十二年(1734年)被雍正皇帝征召，大开皇戒，广布天下，乞戒学徒多达1819人。其时，雍正又将京城的愍忠寺改名为"法源寺"，命文海担任住持，直到11年后的乾隆十年（1745年），文海才又回到宝华山。自文海后，南山律宗宝华山一脉，不再局限于南方，而成为全国性律宗。经文海之手得戒学徒有10万之巨，20余弟子主席于南北丛林，有赖于此，宝华山得以名扬天下。

此后，宝华山一直是中国戒学的中心，法脉从古一直传承至今，当今天下丛林传戒，大多都是依循了宝华山的戒坛仪轨。宝华山戒坛是至今为数不多的依然在传戒的古戒坛之一。

小知识◎律宗

　　因着重研习及传持戒律而得名。实际创始人为唐代道宣。因依据五部律中的《四分律》建宗，也称四分律宗。复因道宣住终南山，又有南山律宗或南山宗之称。

◎优波离

　　梵名Upāli，巴利名同，佛陀十大弟子之一，又作优婆离、邬波离、忧波利。印度迦毗罗卫国人，出身首陀罗种（首陀罗为印度四种性的末等）。优波离是佛陀为太子时的亲近执事之臣。随佛逾城出家，亲见如来修行成道。因优波离为佛陀弟子中戒行第一，故佛陀令其为众中纲纪（指导大众戒行规范师）。其虽属末等种性，却为如来上首弟子，由此可见如来众生平等之广大慈悲也。

◎般舟三昧

　　就是不坐不卧不依倚，昼夜壁立90日，持续修行。

◎皇戒

　　就是皇帝或皇族受戒。

2. 雕梁画栋皆有法

　　隆昌寺的主建筑群,从以大雄宝殿为起点的纵轴线,向前延伸到大悲楼(韦驮殿)。一侧是东寮房,另一侧是西寮房,其结构对称严谨,方方正正,层次分明,回廊环绕,这种建筑布局被称为"四合大院"。隆昌寺规模宏大,建筑面积有7240平方米,使用面积5725平方米。沿着北端西侧向东建造的有斋堂、下客堂小院、戴季陶小院、"戴母"小院、戒堂小院、铜殿和无梁殿小院,还有祖祠堂和师姑楼小院,这7个小院组成一个有机联系的方形庙宇,院中套院,亭台楼阁布局别出心裁,所设置门道回廊相随,院与院相通,非常巧妙。

　　令人称奇的是,隆昌寺中的主要殿堂的墙体,用的是青砖"一顺丁"排列砌法。所谓"一顺丁",指的是磨砖对缝的"干摆墙"砌法,每块砖都要经过细磨加工,大小一样,若有任何破损,即弃之不用,而且,这些砖还编有序号。此外,还有"三顺丁"砌法。这样砌出来的墙,有防寒、隔音和支撑木架的作用。

　　庙宇砖雕也堪称艺术精湛,佛像座下的莲花座、戒台下部的底座、山门石鼓下部、铜殿的台明底部以及律宗墓山见月和尚塔,主要的石碑底部都有须弥座，都是石雕艺术品，做工细致精湛。除此之外，还有砖雕艺术佳作，其中以无梁殿砖雕艺术最为突出。

山门

隆昌寺风格独特，四合方形，整体看来像一座法坛。隆昌寺号称有999间半殿宇，可见规模之盛。它的山门独具特色，面北偏东，又小又偏僻，和"999间半"的气派似乎不相符合。

原来，山门面北，是在皇帝驾临寺院之前改的，面北以示接驾。至于山门狭小，是出于律宗的规矩，律宗寺院戒律严格，将山门建得小而僻，意思是僧人不能随便进出，从而避去尘俗烦扰。

龙池（戒公池）

在山门前，有一个龙池。这是一个神奇的池子，无论旱涝，终年不竭，可供数千人用水。

这龙池叫戒公池，长宽约30余米。池子周围用石块垒砌，两侧栽有20多棵银杏树，最大的树身周长3.2米，高30多米。这些树都有400余年的树龄。山志载，戒公池是秦淮河两源头之一，"虽旱不竭，天光水影交映，而寺宇林木若入冰壶玉鉴中"。隆昌寺的僧人们，也以此解释戒公池水位终年不竭的原因。

池中有一尊怪石，名曰象鼻，这块怪石终年露出水面。水盈时，石头伸长；水落时，石头则缩短。石上有树，叫做娑罗，长年枝繁叶茂，终辄1米多高。谁也不知道这棵树起于何时，但世所罕见，人皆叹为奇树。不过可惜的是，现在这棵树已经不存在了。在宝华山中的诸池中，这神奇的戒公池最富盛名。

关于这个龙池，还有一个颇有趣的传说。据说从前在这龙池里，真的有小龙，每天在小龙池里游来游去。这些小龙乖得很，从来不怕人，就算是你去抓它，它也不怕。但是，可千万不要把小龙抓了带走，因为据说带走它的话，麻烦就会找上门来，走到半路，就会出事。

但是明朝一个来宝华山受戒的和尚偏不信这个邪，偷偷抓了一条小龙，藏在袖子内带走。

登船过江的时候，万里无云，风平浪静，算是一帆风顺了。可不想船刚离开码头几步，就不知道从哪儿刮来一阵风，把船吹得摇摇晃晃。和尚想江上能起多大浪，起初并不在意，谁知道风越刮越大，浪头也越来越高，最奇怪的是，江上船只众多，这风偏朝和尚这条船上刮，其他的船都平安无事。

和尚这时候才开始相信了传言，原来这小龙真是不能带走的，于是急忙把小龙放了。没想到这龙会飞，乘着这股风，嗖的一声就直往宝华山的方向飞去。这下，风平浪静。

当然，这只是传说，世上哪有这么神奇的事情？不过，这么个故事，倒是给这个龙池又蒙上了一层神奇的面纱。

戒坛

在隆昌寺的戒堂内，有一座戒坛，是律宗第二代祖师见月大师建造的，原为木质，后改成石戒坛。只有具有放戒资格的寺院，才能够有戒坛。石戒坛位于戒堂正中，体现了律宗"不倚不连"的规范。

据《宝华山志》记载，释见月造石戒坛，开基之夜，感坛殿放光五色，直冲霄汉，众山群楼，明如白昼，莫不骇异赞叹。

据说，在宝华山受戒，取得隆昌寺戒牒的僧众，无论走到全国哪座名山古刹，都会受到热情款待。

隆昌寺第七代祖师福聚率众僧赴京参加放皇戒以后，隆昌寺的威望更高。以后每年冬春传戒之时，僧众都从各地蜂拥而来，光绪二十六年（1900年）一次开戒，云集授戒者达1200余众；1955年农历三月初一举行的授戒仪式，求戒者人数达289人，来自12个省，历时18天；1957年11月举行授戒，来参加受戒的僧尼有996人，其中还包括一名不远千里赶来受戒的印度僧。据不完全统计，宝华山律院先后授戒70余期，"得戒僧徒遍于天下，以数十万计"。隆昌寺非但闻名全国，而且在东南亚国家佛教界也享有一定盛誉，慕名来此礼佛、受戒的很多，日本、泰国、缅甸、印度等国都曾向隆昌寺赠送过玉佛、石佛和铜磬等法器。

所谓受戒，简单地说就是受规矩。众僧视宝华山受戒为殊荣，隆昌寺作为律宗传戒寺院的佛门"最高学府"，设有"三坛大戒"：沙弥戒、比丘戒和菩萨戒。僧人一生要受两次戒，分别是沙弥戒和比丘戒，不过，我国的僧人还要受菩萨戒，这三戒合起来，称为"三坛大戒"。

当然，受戒不是免费的。早在1957年的时候，到宝华山受戒，每人就得花200元，还不算另需的零花钱，这笔钱叫做"花灯银"，大多数僧人自筹或者由所在寺庙提供。当然也不排除有穷得交不起花灯银的，那么，就只有在宝华山上干三年无报酬的苦活，才能得到免费受戒的资格，这被称作"发菩提心"。在宝华山受戒，戒期一般为53天，分为两个阶段：

第一阶段叫做"沙弥戒"，就是跪戒。方丈和尚高坐讲台，受戒众僧尼下跪，静听方丈宣讲经文。沙弥戒共十条：不杀生、不偷盗、不邪淫、不妄语、不饮酒、不涂饰香粉、不歌舞观听、不坐高广大床、不非时食、不蓄金银宝物。

第二阶段就是具足戒了,也叫比丘戒。具足戒的仪式比沙弥戒要严格和复杂得多。不仅受戒的内容涉及世间的一切境界,要求受戒僧人远离世间的一切罪业,而且对受戒僧人的条件也要求极严格:受比丘戒之前,一定要受过沙弥戒,而且必须年满20岁。戒台称比丘台,只有传授比丘戒时方丈才上戒台。受戒的过程,和考生答辩很像:戒台上端坐着10位法师,称"三师七证",三师指方丈代表释迦牟尼佛、文殊菩萨、弥勒菩萨,他们在佛教的体系中分别相当于学校教务处主任、学校教师等。"七证"为七位德高望重的僧人在旁边作证。求戒弟子跪于台下,聆听教诲和回答有关戒规、戒律的提问。

铜殿与无梁殿

隆昌寺有一座铜殿,建于明万历三十三年(1605年),是神宗皇帝生母慈圣皇太后捐金2000建成,至今已400多年。铜殿重檐歇山的琉璃瓦顶,外有石柱方亭。结构精巧,雕刻细腻。其梁、栋、栌、桷、窗、瓦、屏、楹均以铜为之,是以名之为铜殿。殿内原来供的是观音大士像,四壁刻画有如来诸菩萨及帝释天人像等。殿前丹墀石栏围护,有石阶上下。清康熙四十六年(1707年),康熙帝南巡,为铜殿题书"莲界云香"。乾隆十六年(1751年),乾隆帝南巡,亦题匾"宝网常新"。

相关史料表明,在万历年间,像隆昌寺里这样的铜殿当时一共铸造了三座,其中之一本来是要送到普陀山的,却被安置在隆昌寺,而且大大提升了该寺在海内外的知名度。

其实,是普陀山的僧人拒绝接受,可这又是为何?翻阅《普陀山志》,隐约能找到答案:"盖恐海寇误认为金,以防抢劫而不运"。

海寇即倭寇，明代中期，普陀山多次遭到倭寇蹂躏。不过，在当时，海上已大体平静，浙江沿海防务也已经得到很大巩固。事实上，影响普陀山重新崛起的最大阻碍是地方官员。为了稳住自己的官帽子，他们希望继续维持自明初以来实行的海禁政策，反对开放普陀山。万历二十九年（1601年），普陀寺住持一乘真表还在为此赴阙请愿，病卒于京。阻止铜殿进山的应是这些官员，普陀山众僧，估计也是迫于无奈。后来金陵（今南京市）各寺僧众经充分酝酿后，决定将铜殿供奉于宝华山。铜殿到得宝华山，也可谓是使得其所，大放光彩。

无梁殿就坐落在铜殿的两侧，建于明万历三十三年（1605年），左供文殊，右奉普贤。无梁殿也是单檐歇山顶，三间两层楼阁式。它最大的特色在于，整幢建筑无梁无柱，不用寸木，内部纯是用砖垒拱券，外部则是仿木结构殿堂形砖雕，出檐短，起翘低，和北京北海无梁殿十分相似。无梁殿的砖雕，都堪称艺术佳作，造型小巧玲珑，结构严谨端庄，以砖代木的构思甚是独特，精美的雕刻中透出古朴大气的意蕴。在无梁殿的夹墙内，有石级可供游人上下，但甚是狭小，仅容一人。无梁殿的门窗皆呈圆拱形，上雕云纹和二龙戏珠图案。

韦驮坐正殿

隆昌寺的韦驮殿，也是别具特色。在一般的寺庙里，韦驮都站在弥勒佛的背后，手里拿一件武器，都不会坐正殿，但是隆昌寺的韦驮偏偏不一样，韦驮就是坐在正殿上了。这里头也有一个传说。

据说有一年，隆昌寺的方丈快圆寂了，就叫文海和尚接替当家。但文海并不情愿，可法有法规，老方丈的意愿不能违背，文海只好硬着头皮上。

文海这家还没当长,八大寮房负责的就纷纷跑来找他:这个说米不够了,那个说柴不多了,房瓦也碎了,这要补、那要修。文海对这些事统统没有经验,一时什么办法也想不出来,真是焦头烂额:"哎,师父是怎么想的,非让文海我当家?"

文海很是绝望,想了想,决定天亮之前用根带子套在韦驮神像上去上吊,一了百了,免得在这里柴米油盐地受罪。

不一会儿,文海迷迷糊糊睡着了。一睡着,梦见了韦驮。韦驮托梦给文海说:"你不要上吊,要不了几天,你驴驮马驮到龙潭湾去运米。"

还真被这梦里的韦驮说准了。几天后,有几十艘江西粮船经过龙潭,忽然刮大风起大浪,差点把船刮翻了。船上人当即许愿:几十艘船的粮奉送宝华山隆昌寺。

马上卸船,一起卸在了龙潭湾。

船一卸,江中就又恢复了平静。

后来文海召集隆昌寺和尚,一起去龙潭湾驴驮马驮运米。

文海想起自己做的梦,认为护法神韦驮对隆昌寺有功,所以就立下了这条规矩,韦驮坐正殿。

这故事把文海律师调侃得够呛,不过文海律师在隆昌寺的历史上,不可不谓得道高僧,放皇戒、兴戒场,文海的功劳不可谓不高,对隆昌寺的兴盛作出了不可磨灭的贡献。

3. 活佛济公传经地

济公的故事，人们都不陌生。有关济公的传说，在南宋时即已开始流传。无论是哪种版本的济公故事，总贯穿着除恶扬善、扶困

济公绣像
活佛济公的故事在民间颇受欢迎，
济公的原型就是隆昌寺的宝志和尚

济贫的主题，而且济公衣衫褴褛、不拘小节、憨厚可爱的形象也广受喜爱。

自然，济公只是一个传说中的人物，但是说济公的形象纯属虚构，却也不准确，因为济公的原型，正是隆昌寺的始祖宝志和尚。和济公一样，他也是个传奇人物。

宝志和尚是南北朝时金陵高僧，世称宝公、志公，建康（今南京市）人。据说，宝志和尚整日提着的杖头上所挂的刀、尺、佛，用谐音暗示未来的三个朝代：刀切削整齐，预言齐朝；尺用于丈量，预言梁朝；佛可掸尘，预言陈朝。而他的预言又总是很灵验，且名声越传越大，连梁武帝都特别敬重他，还曾亲自上宝华山来拜访他。

寺庙撞钟习俗沿袭千年，这也始于宝志。有一次，梁武帝询问宝志如何解救地狱中的痛苦，宝志回答："惟闻钟声，其苦暂息。"于是，梁武帝下诏要天下寺院击钟。

据说从前宝华山不叫"宝华山"，而叫"华山"，后人为了纪念宝志和尚，才把"宝"字加在前面，变成了"宝华山"。

4. 隆昌寺的帝王缘

除了梁武帝登山拜会宝志和尚外,清康熙、乾隆都曾数次登临宝华山,吟诗赐物无数,乾隆皇帝6次下江南,6次临幸宝华山更是传为佳话。

康熙四十二年(1703年),康熙帝欲登宝华,但因天降大雨未能成行,遂赐御书"慧居寺"额,以及《将游华山以欲雨未往》诗一首:"欲向青山涧壑行,春云又变晓阴轻。勾陈不遣警禅定,恐碍林间碧草生。"康熙四十六年(1707年),康熙帝临幸山中,又赐御书"莲界云香"、"精持梵戒",还赐金字《心经一卷》、《渊鉴斋法帖》一部、御书金扇一柄。

乾隆6次下江南,每次都必上宝华山,留下诗文题词无数。乾隆如此青睐宝华山,自然与他的佛教信仰有关,不过也有一个传说,说乾隆上宝华山是"寻父"的。

民间盛传乾隆非雍正亲生,而生父陈阁老在江南一带出家。到了宝华山,乾隆便使劲儿打听有无陈姓人在这里出家。方丈拿了名册,翻来翻去也没有这么个人,不过他说,伙房里有个和尚不在名册内,但是不姓陈，姓李，而且疯疯癫癫的。

乾隆自然不肯放过，连忙让老方丈带路去看。

只见伙房里，一个老和尚，眼屎巴拉，鼻涕拉糊，身穿破衣，头枕破伞，四仰八叉地躺在柴草堆上在睡觉，一双破僧鞋倒放在地上。看到乾隆进来，也不讲话，只是嘿嘿呆笑。

乾隆一看，心想："这肯定不是！"失望地走了。

回朝之后，乾隆向一个大臣说起此事，大臣却说，这搞不好真是皇上生父。

乾隆大惊，忙问为何。

大臣说："他四仰八叉躺下来，头枕一把伞，不是个'天'字吗？鞋子倒放在地上，据宝华山当地方言，'鞋倒'和'孩到'同音。"

乾隆一听有道理，又上宝华山去寻，可那和尚早已不知去向，去了数次，都未果，乾隆很是悔恨。

乾隆寻父不得，心里自是不痛快，就迁怒于宝华山的方丈见月和尚，总想找个罪名治他的罪，于是，就假意让见月领自己逛寺院。

进了山门，乾隆见有人在劈毛竹做香篮，便拾起一块劈开的竹片，把青的一面朝着见月和尚，问道："老师父，这个你们叫什么呀？"见月刚要开口，但一个激灵，反应了过来，于是定了定神回答说："这个叫竹皮。"乾隆皇帝把毛竹片掉转个面，将白的一面朝着见月和尚，又问："老师父，这个叫什么呢？"见月和尚道："这个嘛，我们叫它竹肉。"

乾隆无可奈何，生生被老方丈戏弄了一番。

原来乾隆大兴文字狱，如果见月方丈按照当地的习惯把毛竹青面叫"篾青"，白面叫"篾黄"，就是"灭清"、"灭皇"了，那可是遭了杀身之祸了。

这些传说自然有诸多夸大的成分，试想，乾隆皇帝如此高调地"寻父"，还说给大臣听，他还要不要坐稳这江山了？至于想要治见月方丈的罪，也无需如此费心思，不过是后人添油加醋，止增笑耳。

五 狼伏大山

——南通狼山广教寺

在江苏省南通市南郊,毗连着五座小山,军山、剑山、狼山、马鞍山、黄泥山,合称为狼五山。狼山居中,山上有一座古禅院,名曰广教寺,寺院建筑上下掩映,分布在山前阳坡五处:山顶的支云塔、山下的紫琅禅院(今称法乳堂)、山腰腹部的葵竹山房、三仙祠及东山门口的大关帝庙。狼山因供奉大势至菩萨而享有中国佛教的"八小名山"之誉,古今中外闻名,是著名的佛教胜地。

1. 从唐代走来的名寺

根据清朝《南通州五山全志》的记载,唐总章二年(669年),狼山即建大雄宝殿、殿阁、方丈室,当时狼山在巨浸中,设舟以济,号慈航院,到了五代大宝年间,才改名为广教寺。广教在佛典中释为律宗语。佛成道以后12年,唯说诸恶莫作等教,制弟子之行法,谓之略教。12年后,弟子中不如法者渐多,为广说戒律,示——持戒,谓之广教。

从志书记载来看,广教寺是唐总章二年时郡人姚彦章、僧知幻等建造的。但是狼山一般奉僧伽为始祖。僧伽于江淮弘法。不幸的是,泗洲普光王寺在清康熙年间陷于洪泽湖底,这下狼山便成为僧伽唯一道场。

不过在宋朝太平兴国年间,狼山一度又兴盛奉山东临沂人智幻为祖师。智幻也是得道高僧,他因读《楞严经》有悟而出家,住持狼山教务,建造了大圣殿,供奉唐代高僧僧伽。

狼山广教寺是临济宗的禅门道场。在康熙年间,一度为丛林制,其时十一世祖冷山法师中兴祖席,讲经说法,振500年之宗风,使山寺面貌大变。康熙三十六年(1697年),因冷山圆寂,广教寺渐演变为七房制的师徒脉传关系。

1956年，众僧顺应时代变革的潮流，又废止了七房制，将狼山七庵变分治为统一管理，广教寺长达250多年的分治历史结束。

"文革"十年浩劫中，广教寺遭到空前破坏，佛像被毁，庙门被封，僧人被逐，房屋被占，并被占用单位无端拆去寺房150多间，满目疮痍，令人嗟叹。直到1980年，广教寺才修复原貌，重新开放。

在以后的10年中，全寺僧众同心协力，对寺庙的几百间庙房和主要建筑进行维修，先期修复的有法乳堂、支云塔、圆通宝殿、大圣殿、三仙祠等主要建筑。随后，藏经楼、晒经楼、枕山楼、葵竹山房、萃景楼等房舍也得到了全面修缮，还扩建了餐厅楼（此楼1991年夏塌方时毁去）、票房、宿舍（甬道楼）、围墙、焚香亭等。1989年修复了大关帝殿。寺院的主要宗教活动场所和殿堂雕塑了佛像，铺设了地面，建造了佛台，

广教寺内的幻公塔
狼山广教寺内的幻公塔就是为了纪念智幻和尚而建的

添置了钟、磬、香炉、烛台。

然而1991年夏天,广教寺又一次惨遭厄运。因遭百年不遇之暴雨,广教寺发生大塌方,毁去房屋建筑数百平方米。灾后重建工作十分艰巨,幸而政府重视,各地佛协、寺院、高僧大德、海内外信众都大力支持,甚至驻南通解放军、武警部队都鼎力相助,寺庙得以迅速恢复重建。经过5年来持续不懈的努力,山顶广教寺已旧貌换新颜。山腰筑起了三道防护墙,并且恢复了景观建筑,重建的广教寺餐厅楼已竣工。1991年前坡的塌方,也危及后山坡建筑的安全,为了固坡防坍,广教寺独资建造了一座107米长、落差30米的天桥。天桥既有固坡、护坡功效,又可分流游人,而且还增一处新景观,更充分开拓了空间,增加附属用房10多间。观者见此,莫不交口称赞。经过十多年修复,古刹面貌巨变。广教寺成为信众过宗教生活和旅游的绝佳场所,十多年来共接待国内外香客、游人近2000万人次。国内不仅有来自附近的江淮地区香客,且有来自边远省份如新疆、广东、四川的进香者。尤其当每年七月十三日(农历)大势至菩萨的圣诞生日和僧伽大士三月初三的生日、七月初三成道日,来自靖江、江阴及南通一带的香客,肩挎香袋,身穿鲜艳服装前来进香,有时多达万人以上。寺庙内外人头攒动,梵音缭绕,气象庄严。

小知识◎大势至菩萨

梵语称"摩诃那钵",现今在极乐世界,为第二顺位递补佛位的菩萨。根据《观无量寿经》的记载,他"以智慧光普照一切,令离三涂(指地狱、饿鬼、畜生'三恶趣')得无上力"，因此称为大势至菩萨。他头顶宝瓶内存智慧光，让智慧之光普照世界一切众生，使众生解脱血光刀兵之灾，得无上之力。

◎八小名山

八小名山是指除了四川峨眉山、山西五台山、安徽九华山和浙江普陀山这"四大佛山"外，在佛教界世代相传的八座佛山。"八小名山"分别是南岳衡山、中岳嵩山、江西庐山、滇西鸡足山、浙东天台山、陕西终南山、北京香山及江苏狼山。"八小名山"堪与四大佛山相媲美，不仅是著名的佛教胜地，而且风光各具特色，也是名闻遐迩的旅游胜地。

◎《楞严经》

《楞严经》是大乘佛教经典，全名《大佛顶如来密因修证了义诸菩萨万行首楞严经》，又名《中印度那烂陀大道场经，于灌顶部录出别行》，简称《楞严经》、《首楞严经》、《大佛顶经》、《大佛顶首楞严经》。唐般剌密谛传至中国，怀迪证义，房融笔受。印顺法师认为它与《圆觉经》、《大乘起信论》属于晚期如来藏真常唯心系的作品。由于《楞严经》内容助人智解宇宙真相，古人曾有："自从一读楞严后，不看人间糟粕书！"的诗句。

◎临济宗

　　禅宗南宗五个主要流派之一,自洪州宗门下分出,始于临济义玄(?~867年)大师。义玄从黄希运禅师学法33年,之后往镇州(今河北正定)滹沱河畔建临济院,广为弘扬希运禅师所倡启"般若为本、以空摄有、空有相融"的禅宗新法。这种禅宗新法因义玄在临济院举一家宗风而大张天下,后世遂称之为"临济宗",而黄禅寺也因之成为临济宗祖庭。

◎丛林制

　　寺院为十方僧众所共有,"来者不拒,去者不留",只要遵从寺之清规。

◎七房

　　七房分别为准提庵、白衣庵、川至庵(后改鼎新庵)、梵行庵、福慧庵、福兴庵、法聚庵。

2. 金龙伏狼
——广教寺的建筑布局

关于"狼山"名称的来历,一般有两种说法:一说是昔日有白狼出没山上,一说是此山形状像狼。广教寺依山而建,在整体的建筑构思上,从第二种说法中汲取了许多灵感:整个广教寺,就如一条从天而降的龙,紧紧地伏在山上,恰好让"龙"降服了"狼"。

广教寺建筑群分上下两个部分,山下为紫琅禅院,主要由法乳堂、轮藏殿、大悲殿、金刚殿、藏经楼、晒经楼、方丈室及僧寮等组成;山顶是支云塔院。这条"龙"头低尾高,龙口大开,龙口便是广教寺下院的山门了。

紫琅禅院

进得山门,便到了法乳堂,这边是这条"龙"的龙头,是唐总章年间建起来的大雄宝殿。明朝成化年间,大雄宝殿被焚毁,后又重建,被称作"释迦殿",俗称"大佛殿"。到了1983年,才改名为现在的法乳堂。法乳堂是明代结构的建筑，面阔进深各三间。如今人们在堂内，还能看到南通籍画家范曾画的十八高僧瓷砖壁画。

大悲殿、轮藏殿是龙的两只犄角，是布局对称的两座建筑，整体建筑风格有宋元两代遗风。我们现在能看到的大悲殿和轮藏殿是明清后多次修缮的结果，1991年时，两殿上的灰筒瓦还被改做琉璃瓦，于是才有了现在看到的模样。

法乳堂东面是方丈室，后身是藏经楼。而在整个紫琅禅院外墙的左侧，有一座七层四面的砖塔，这是明朝嘉靖四十五年（1566年）建的，目的是为了纪念智幻法师，故此塔名为"幻公塔"。

支云塔院

走过贯穿上下的S形山道，就穿过了"龙身"，到了山顶。

山顶的建筑群是狼山广教寺的主要建筑群，是龙的后身。这个建筑群自山门起，沿着轴线延展。山门面阔三间，山门前的平台被称作大观台。站在台上极目远眺，身处山巅，眼前顿时开阔，风景无边无际，望不到尽头。清《五山全志》中写道："在狼山巅，庙门下，甃石为之纵横各十余丈，缭以石栏，方平高旷，登此四望，无际眉睫。"在大观台的门柱上，刻着一副楹联："长啸一声山鸣谷应，举头四顾海阔天空。"

穿过山门，就到了萃景楼。楼高两层，为明嘉靖十八年（1539年）舒缨所建。这片地方也是历经变迁：宋朝初年，这里是三会亭；明初时是庙门；到了明朝正德年间，河北霸州的刘六、刘七农民义军从河北、山东、江淮一路转战到狼山江段，不料遇到台风，船只均毁，只好以广教寺为据点，同明军浴血奋战。最后，明军火攻，烧了寺庙，义军惨败，首领溺死江中。萃景楼是战后重建的，成为了文人墨客们观景、唱和之处，别有一番情调。现在的萃景楼，被开辟成为接待室。萃景楼上还有一个小戏台，据说，这种保存完好的寺院戏台，全国罕见。

过了萃景楼，来到圆通殿。圆通殿从前是广教寺的中兴祖智幻建的僧伽殿，后来明军毁了寺庙，僧伽殿也就不在了。明军在这里打了胜仗，认为是江神海神在帮他们，所以在正德九年（1514年）的时候，皇帝又下令知州蒋孔阳重建了寺庙。原来僧伽殿的地方，就重修了大殿，绘塑了江海神像，这大殿便叫"江海神殿"，僧伽则被移到了支云塔后面的大圣殿供奉了。后来，江海神殿又一度改称为禹王殿。后来，这里面又供奉了观音大士，更名为圆通殿。今天，圆通宝殿供奉着大势至菩萨。狼山向为大势至菩萨道场，因而得以荣列中国佛教八小名山之一。

圆通殿后殿与支云塔隔着一个太平池。绕过太平池，便走到了广教寺主建筑之一支云塔。支云塔已有千年历史，建于北宋太平兴国年间（976~984年）。和众多佛塔一样，支云塔在历史上也屡遭焚毁，又屡次重建，直到民国20年（1931年），塔顶装上了避雷针，才消除了雷击之灾。现在伫立在广教寺的支云塔，是清乾隆五十三年（1788年）的火灾后重建的。

支云塔是砖木结构，五级四面，是一座楼阁式的宝塔。每层各有三个小门，绕以木栏。塔内有扶梯，可以沿梯登塔。支云塔外观雄伟，朱漆雕栏，面饰金黄色琉璃瓦。登上塔顶，远望遍布四野的星罗，夕阳静静照在波澜不兴的江面上，江南诸山也尽收眼底。支云塔下层称地藏殿，供地藏菩萨。

半山腰的葵竹山房、三仙祠等建筑，是龙的爪子。

位于半山腰望江亭左上的一处建筑群葵竹山房，是一处深邃幽静

支云塔
支云塔是砖木结构的佛塔,下层供奉着地藏菩萨,称地藏殿。塔外朱漆雕栏,装饰精美

的园庭式建筑,由大小书屋、佛堂、塔荫堂、一枝栖、半粟亭、衔石楼、棋亭等建筑物组成。葵竹山房又是七房之一准提庵址,建有四贤祠、三辰轩。四贤祠建于明嘉靖十年(1531年),由判官高节建。内祀范仲淹(文正)、胡安国(文定)、岳飞(忠武)、文天祥(忠烈)。清康熙六十一年(1722年),进士丁复松移建于军山水云窝(今已不存)。三辰轩,原明嘉靖间知州董汉儒、判官高节、郡人钱橐游憩之处,因三人皆壬辰榜,故名三辰轩。

在幻公塔相对处的建筑为三仙祠,原七房之一法聚庵址。三仙祠昔祀张仙、吕祖,为二仙祠,明崇祯间改为文昌帝君殿,后来又改为关帝殿,俗称小关帝殿,并置文昌帝君像于内,遂称三仙祠。狼山分七房之后,这里称法聚庵。

3. 弘法高僧
——圣严法师与南通狼山

提到狼山的佛教文化,许多台湾同胞都不陌生。广教寺有民间享有盛誉的大圣菩萨,他在江淮一带为民治病治水时,曾到狼山为人们驱除了祸害百姓的白狼精,传下千古佳话。广教寺现存的支云塔和大圣殿,就是为纪念和供奉这位高僧所建。广教寺还出了在国际佛学界享有盛誉的圣严法师,法师早年从广教寺出家,现在已经是日本立正大学文学博士、台湾农禅寺住持、纽约东初禅寺住持,著作等身,桃李天下。圣严法师分别在1988年、1995年两度参谒广教寺。

圣严法师与南通和狼山的渊源、脉根十分深厚:南通是圣严法师的衣胞之地。1930年农历十二月,圣严法师出生于距狼山不远的小娘港附近,长到13周岁,就到狼山广教寺剃度出家。正是在狼山,圣严法师为佛业巨厦打下根基。海之端、江之尾的南通,是被他含泪诚呼的"法源血源之地",是这株菩提树的根植土壤。

法师13周岁时经人介绍来到南通广教寺当了小沙弥,分到七房之一法聚庵朗慧的名下。广教寺在上海有两座下院:一座在虹口,一座在沪西忆定盘路,都称狼山大圣寺。1944年10月间,他被师尊差遣到上海协助师父们赴经忏。

1947年,圣严到静安寺佛学院当插班生。这段生活是个重大转折的机缘。他在《归程》一书中是这样叙述的:"1946年静安佛学院兴办,狼山的邻庵(白衣庵)有一位育枚法师,在静安佛学院当教务主任,他也从旁再三鼓励,要我的上人送一个和尚去读书……我的上人被育枚法师说服。"接着,他饱含深情地回忆了他参考被录取的情景:"当时交卷,当时就给我阅卷,育枚法师看了还频频点头,并且传给其他法师,然后便以教务主任的口吻对我说:'你的字要多练。'随即便请学监宗成法师为我送单,直到1948年夏季毕业。这年冬天我考到第六名,育枚法师对我的成绩很满意。"

1949年5月,圣严法师随国民党军队到了台湾。1988年和1995年圣严法师两度到狼山。1988年之行,随行的仅三四名弟子,实可谓轻装简行。这时他已年近六旬,见到恩师育枚,仍是伏地行叩拜大礼。40年来的骤然聚首,师徒都感慨万端,回忆往事依稀如梦,分别时依依难舍,互赠礼品。育枚法师代表广教寺赠他的礼品有:通绣、吴昌硕大师手篆"佛"字、一尊黄杨木雕弥勒佛像,圣严欢喜异常,合十道谢。

1995年,圣严二度率领佛教弟子300人的朝参团再登狼峰,他再度拜谒了恩师育枚,还在萃景楼挥笔题写了"紫琅千圣云来集"。法师老而弥健,不仅笔力雄劲、端庄,词义也深远、旷达。

名僧大德

除了圣严法师而外,广教寺在它的1000多年历史中,出现了许多高僧大德。有僧伽、智幻、萝庵、冷山等，还有以诗驰名的芥舟；有近代名僧苇一、智亮、近岸，有长于音律、书法、绘画的艺僧小块、朴禅、海月、默之、复古、蕉庵；有刺血写经、持律严谨的洁进，有现任寺院住持育枚，监院月朗等。

广教寺祖师历来重视绍隆佛种，培养僧才。1921年，广教寺即创办了僧立小学，前后办学达30年（抗战时一度因战火而停办），不但为寺院培养了大批僧才，还为普及社会文化教育、提高民族文化素质作出了贡献。广教寺建国前进佛学院培养深造的约有十多人，他们是春江、学权、苇一、育枚、皎吾、力定、朗慧、自觉、曼陀、正缘、能安等。

今天，广教寺年轻的僧众，大部分都经过佛学院培养。1981年广教寺重新开放后，首批吸收进寺的小僧全部进栖霞山佛学院读书。从1981年到1990年，送栖霞山佛学院的学生达19人次。进北京佛学院学习的前后两批6人，其中小僧学愚、建华被中国佛学院派往斯里兰卡留学，攻读研究生。1995年又有能持、能忍二僧第二批送斯留学。小僧能进留佛学院攻读研究生。

六 蜀岗栖灵
——扬州大明寺

名扬四海的千年古刹大明寺坐落于古城扬州北郊，雄踞于蜀岗中峰之上。大明寺因初建于南朝刘宋孝武帝大明年间（457～464年）而得名，其时佛教兴盛，有诗云"南朝四百八十寺，多少楼台烟雨中"，大明寺是这烟雨楼台中的一处重镇，在江南一隅逐渐兴盛，发展成为律宗祖庭，佛教圣地。1500余年来，大明寺历经磨难，兴衰起伏，随着历史长河浮浮沉沉。

1. 烟雨楼台，历久弥新

大明寺寺名多有变化，随朝代变换，命运也随之起伏。

隋朝仁寿元年（601年），信奉佛教的隋文帝杨坚为庆贺生日，在全国建塔30座，以供养佛骨。建在大明寺的便是九层高的"栖灵塔"，故大明寺又称"栖灵寺"。

唐会昌三年（843年），九层栖灵塔遭大火焚毁。后经僧人募化重建，但屡有圮废。

北宋庆历年间，欧阳修任扬州太守时建平山堂。明万历年间，扬州知府吴秀重建大明寺，崇祯十二年（1639年）漕御史杨仁愿再次重修。

到了清朝，因避讳"大明"二字，大明寺一度沿用隋唐时"栖灵寺"之名。清乾隆三十年（1765年），乾隆巡游扬州，改题"法净寺"。到了清朝康乾盛世之时，大明寺扩建为扬州八大名刹之首。

到了咸丰三年（1853年），大明寺又遭劫难，毁于太平军兵燹。此后，大明寺几经修建，规模渐大。现今保留下来的大明寺为清同治年间两淮盐运使方浚颐所建。

1949年以后，这座南朝古刹多次扩建，被列为江苏省文物保护单

大明寺门前牌楼
"南朝四百八十寺,多少楼台烟雨中",大明寺便是这烟雨楼台中的一处佛教重镇

位。然而在"文革"期间,大明寺却险遭劫难:其时红卫兵以"破四旧"为名,欲捣毁寺内佛像,幸得周恩来总理紧急挽救,电谕命令保护寺内古迹,地方政府关闭了寺庙,大明寺这才得以在那疯狂的岁月中寻得了清静。到了1979年,寺庙全面维修,80年代,由"法净寺"复名"大明寺"。30余年来在能勤、瑞祥、能修法师的住持下,规模愈来愈大,已然成为扬州城内不可忽视的一处文化胜景。

2. 禅房花木，史海钩沉

扬州又称广陵，"广陵"有多丘陵之意，大明寺便是依傍蜀岗丘陵而建。经过历代佛学大宗维护积淀，文人墨客到访留迹，贵族皇室游历清修，楼台庙宇，书画墨迹，使之成为一座风景如画的园林寺庙，不少文化瑰宝存留其中。

大明寺牌楼前的两只石狮是乾隆时期重宁寺遗物，20世纪60年代初移居大明寺；山门正门上额"大明寺"三字，出自中国佛教协会原会长赵朴初手笔；正门东侧壁上"淮东第一观"石刻取自秦少游诗句"游人若论登临美，须作淮东第一观"，由清代书法家蒋蘅手书。进得山门，天王殿、大雄宝殿等巍峨殿堂历现佛教庄严。出得殿堂，却是别有一片天地，景致独特，灵动优雅。其中，鉴真纪念堂、平山堂、栖灵塔等为其中代表，每一处都蕴藏着一个个或可歌可泣、或委婉动人的故事。碑林石刻交错其中，更别有一番雅致。

大师与大师的对话——梁思成与鉴真纪念堂

出得大殿,便可见一处别致小院,这便是鉴真纪念堂。一座碑亭映入眼帘,碑亭与殿堂两侧由长达80米的回廊连接,构成一处独立的堂院。且看院内花木错落有致,与厅堂相得益彰,绿树成荫之时,倒是一处难得的清凉之地,树影丛中探出檐牙一角,颇有一番情趣。佳兰芳卉之中,有两株日本八重樱,是1980年日本奈良唐招提寺住持森本孝顺长老与大明寺方丈能勤法师共同栽种的。

庭院之中,森本孝顺长老所赠石灯笼静静伫立,古朴庄严,当时森本亲自点燃灯笼,此后已30多年,长明不灭。纪念堂正中,供奉着鉴真法师坐像,这尊坐像仿日本奈良唐招提寺鉴真像而制,用楠木

鉴真纪念堂
鉴真纪念堂是对称结构的建筑,显得古朴而庄严

淮东第一观
大明寺正门东侧壁上的"淮东第一观"石刻取自秦少游诗句"游人若论登临美,须作淮东第一观",由清代书法家蒋衡手书

雕刻干漆夹纻而成。坐像前的铜香炉为日本天皇所赠。1980年,鉴真大师像自日本回故里,同故乡人见面。传说大师像运输途中,保护规格甚高,以盛满水的小碗置于运输车内,要求碗内之水不可洒出半滴,可见爱护之细致。纪念堂门厅对面,原为晴空阁,现为鉴真生平事迹文物史料陈列室。

鉴真纪念堂是梁思成生前最后的作品,也是他自己颇为满意的佳作。正堂完全仿照日本招提寺主体建筑金堂样式,只是型制由七楹变为五楹,金堂是鉴真当年亲自设计,糅合了中日建筑的特点。梁思成以此设计,意在向鉴真大师致敬,也意在表达中日友好。

整个设计之中,纪念碑的设计算得上是梁思成本人最得意之处。据说此座纪念碑是梁思成一夜之间设计而成的,设计成功后,梁思成还颇为得意地向陈从周教授阐述他的设计理念。

纪念碑正面刻郭沫若书"唐鉴真大和尚纪念碑"几个金光大字,背面刻赵朴初撰书纪念鉴真圆寂1200周年碑文和颂辞。与一般竖立纪念碑不同，鉴真大和尚纪念碑采用横向设计，这是一处创新，颇具时代感。底座的花饰采用莲花座作底，莲花"出淤泥而不染，濯清涟而不妖，中通外直，不蔓不枝"，意蕴甚是高尚。加之莲藕丝长（思长），象征佛教思想普度众生，是以莲花一直是佛教的象征。不过如何在纪念碑的设计中体现唐朝的时代气息，梁思成一时犯了难。这时陈从周教授建议在莲花座上刻卷叶草为饰，因其是唐朝特有的草，以象征鉴真生活的年代。

东渡日本前，鉴真大和尚曾住持大明寺，在寺内兴戒坛、缮道场、建寺舍、造佛像、修塔宇、讲法诵经、写经刻石、广施医药、普济众生，不遗余力，在46岁成为一方宗首，被奉为"江淮化主"。鉴真到日本奈良后不久，又在东大寺设立戒坛，弘扬佛法，天皇任命鉴真为大僧都，称他是日本律宗始祖。鉴真虽双目失明，仍为中日文化交流作出了卓越贡献，始终受到日本人民的景仰。

郭沫若有诗赞云："鉴真盲目航东海，一片精诚照太清。舍己为人传道艺，唐风洋溢奈良城。" 1000余年前，鉴真大师从大明寺出发，东渡日本，弘法布道；1000余年后，建筑大师梁思成设计鉴真纪念堂，可谓大师与大师对话，佛教与建筑同辉。

六岱青山，二分明月——欧阳修与平山堂

宋仁宗庆历八年(1048年)，时任扬州太守的欧阳修，极赏大明寺清幽古朴，遂在此建堂。坐此堂上，江南诸山，历历在目，似与堂平，平山堂因而得名。平山堂在元代一度荒废，明万历年间重新修葺，但不幸时运不济，平山堂在咸丰年间毁于兵火，幸而同治九年(1870年)得以重建，才恢复原貌，留至现今供人瞻观。在扬州当地人眼中，

欧阳修石像
欧阳修（1007～1072年），字永叔，号醉翁、六一居士，北宋文学家、史学家、政治家

平山堂就是大明寺，平山堂可以代表整个大明寺，足见平山堂在当地深入人心。

　　平山堂是游目骋怀的好地方。堂前古藤错节，芭蕉肥美，通堂式的敞厅之上，"平山堂"三个大字的匾额高悬。欧阳修与扬州结缘、于大明寺栖居是缘于贬谪，其抑郁之情可以想见。而贬谪却使其不羁气度得以释放，堂上楹联"晓起凭栏，六岱青山都到眼；晚来对酒，二分明月正当头"正描画了欧阳公的生活情态。遥想当年，每到暑天，公余之暇，欧阳公携友人至平山堂饮酒赋诗。他们的小酌也颇有情趣，常叫人去不远处的邵伯湖取荷花千余朵，分插百许盆，放在客人之间，然后让歌妓取一花传客，依次摘其瓣，谁轮到最后一片则饮酒一杯，赋诗一首，往往到夜，载月而归，别有一番雅兴，这就是当时的击鼓传花。

　　如今踏入平山堂，举目可见堂上高悬的"坐花载月"、"风流宛在"的匾额，这便是追怀欧阳公当年的雅事。为人所津津乐道的是"风流宛在"一匾，"流"字缺一个点，"在"字多一个点，据说是意欲让欧阳公的品格"流"到现"在"，而另一说法则更为百姓所乐道，即它有"风流少一点，实在多一点"之意。欧阳修在大明寺侧建平山堂，成为文坛佳话，也被认为是儒佛文化交融的典型案例。

　　后苏东坡由颍州途至扬州，为纪念其老师欧阳修，在平山堂北侧建谷林堂,取东坡"深谷下窈宛,高林合扶疏"诗句中的"谷林"两字为堂名。清光绪年间,两淮盐运使欧阳正塘在谷林堂向北处建欧阳修祠,又名"六一祠"。祠壁上嵌有根据清宫藏本摹刻的欧阳修像,由于光线和观看角度的关系,远看白须,近看黑须,神态自若,且无论从哪个角度看去,欧阳公总能直视观者,蔚为奇观。

大明寺和平山堂相映成趣,暗合了佛学和儒学的交汇,宋瓦青砖,一侧是平山堂里的觥筹交错,一侧是大明寺的晨钟暮鼓,世间的凡尘俗情,书不尽文章太守的情怀和佛缘。

劫难重重,佛骨长存——栖灵塔

进入塔院区,眼界顿时开阔。高九层的栖灵塔矗立眼前,塔身两侧钟楼、鼓楼对望而立,晨钟暮鼓,好不庄严。偶尔几个僧侣自塔前走过,到了三餐时间,附近厨房飘出阵阵素食香气,令人闻得一丝人间烟火。

栖灵塔始建于隋朝文帝年间,用以供养舍利。可惜唐朝时毁于一场大火,此后重建栖灵塔成为历代大明寺僧人的愿望。宋真宗景德元年(1004年),僧人可政募集资金建造了一座七级宝塔,不料在南宋时又倒塌了。一晃千年已逝,此地空余"栖灵遗址"。直至1980年鉴真大师塑像回乡"探亲"之时,佛界人士倡议重建栖灵塔,重修之事才又一次被提上日程,到了90年代,栖灵塔才重见天日,又一次拔地而起。

现今的栖灵塔,仿照唐时风格而制。塔高各层不一,第一层8.20米、第二层6.30米、第三层6.20米、第四层6.15米、第五层6.10米、第六层6.05米、第七层6.00米、第八层5.95米、第九层8.50米,塔尖10.55米，总高度为70.00米，分别供奉神态各异的佛像，精工细造，颇为华丽，气势恢宏，雄踞蜀岗。站在最高层，扬州风光尽收眼底。

"步步相携不觉难，九层云外倚阑干。忽然笑语半天上，无限游人举眼看。"唐宝历二年（826年），刘禹锡与白居易在大明寺不期而遇，两位互相钦慕的大诗人一见如故，相互扶持，一步一崎岖，向着栖灵塔高处踩踏，1、2、3……一直到308，数着级数，踏出一段文坛佳话。

如今，栖灵塔游人如织，重现了当年诗人热咏的场景。然而时过境迁，不知还有谁愿意重现当年"步步相携"的场景？又有谁愿意一

栖灵塔
栖灵塔高耸入云，气势恢宏，雄踞蜀岗

步一步踏上塔顶？有人甚至埋怨建塔时没有安装电梯是一个疏忽和失误，不知时空之外的刘、白二公对此会作何感想。

天下第五泉

"天下第五泉"位于大明寺内的康熙、乾隆御花园内。第五泉堪称大明寺一景，假山奇石，亭台楼阁相称其中，又开辟以"五泉茶社"，游客跋涉久了，能在此品一品这天下第五泉沏泡的茶水，算是一件美事。

唐代张又新《煎茶水记》记载，陆羽称扬子江南零水第一，惠山水第二，虎丘水第五，丹阳水第十一，扬州大明寺水第十二。陆羽之后的刘伯刍也是位学识渊博者，把江淮最宜于烹茶的水分为七等，扬子江南零水第一，无锡惠山寺石水第二，苏州虎丘寺石水第三，丹阳县观音寺水第四，吴淞江水第六，淮水最下第七。是以大明寺的泉水被称作"天下第五泉"。

关于这天下第五泉，还有一个颇为雅致的典故。

欧阳修在大明寺时，问老僧人，为何这泉水叫"天下第五泉"。

老僧答道："这是唐人张又新说的。"还找来张又新的《煎

天下第五泉
大明寺山泉被《煎茶水记》评为"天下第五泉"，如今也成为大明寺一景

茶水记》，捧给欧阳修。

但是欧阳修表示怀疑："张又新没有走遍天下，自然没有尝遍各地泉水，只凭想当然就把泉水分七等，这种做法并不足取。"

老僧又搬出了茶圣陆羽，说张又新是根据陆羽所说而写的。镇江金山寺中泠泉为第一，无锡惠山石泉为第二，苏州虎丘石泉为第三，丹阳县观音寺水为第四，扬州大明寺泉水为第五，吴淞江水为第六，淮水为第七。茶圣之论，岂能有错。老僧语气坚定，颇为自信。

没想到，欧阳修还是穷追不舍，紧紧追问："师父，诚然张又新的话出自陆羽，那么，陆羽又是根据谁说的呢？"老僧无言以对。

欧阳修十分认真地对僧人说："唐代的天下，滔滔长江在南，滚滚黄河在北，河、湖、泉、井不可计数。陆羽、张又新没有走过几州几府，他们所评七泉只限于东南一隅，谁能保证除此之外，长城内外、黄河上下、天府四川、苍茫楚地，再没有好水？陆、张两位并未品遍天下之水，就轻率地下此结论，这又如何可信。"他又说，凡事要调查实察，寻根求源，不可人云亦云，拾人牙慧。这一看法说得入情入理，让老和尚心悦诚服，甚为钦佩。

欧阳修从大明寺告别僧人回到府里，当天就写了《大明寺泉小记》一文。文中赞美了大明寺泉水"为水之美者也"，既未冠之"天下"，也没有说属于何等。

欧阳修派人把文章送给老僧人看，老僧人阅罢佩服不已，从此和欧阳修结成好友，来往甚密。大明寺的泉水，的确是清澈甘冽的宜茶好水，老僧仍然常向人们介绍，但不再说是天下第五泉了。不过，人们仍沿用天下第五泉称赞大明寺泉。

小知识◎唐招提寺

　　唐招提寺是著名古寺院，位于日本奈良市西京五条街，759年中国唐朝高僧鉴真所建，最盛时曾有僧徒3000人。招提寺与东大寺的戒坛院并为传播和研究律学的两大道场。

◎陈从周

　　原名郁文，晚年别号梓室，自称梓翁，中国著名的古建筑专家、园林艺术家，同济大学教授，博士生导师，擅长文、史，兼工诗词、绘画。

3. 高僧大德
——鉴真大和尚

鉴真堂前，楠木的鉴真坐像栩栩如生，仿佛在将当年东渡的故事缓缓道来。大明寺因为有鉴真，平添了些许传奇色彩，也因为鉴真，增添了许多历史的厚重感。

鉴真俗姓淳于，江阳（今江苏扬州）人，生于唐武则天垂拱四年（688年），卒于代宗广德元年日天平宝字七年（763年）。鉴真14岁出家，云游四海。22岁那年，在长安实际寺随弘景律师登坛受具足戒。27岁那年，鉴真回到故乡，在大明寺兴戒坛、缮道场、建寺舍、造佛像、修塔宇、讲法诵经、写经刻石、广施医药、普济众生，不遗余力，在46岁成为一方宗首，被奉为"江淮化主"。

742年，在唐留学的日本僧人荣叡和普照，仰慕鉴真的学识品德，专程到扬州祈请他到日本传律。虽然其时鉴真已年逾五旬，但为弘法，他欣然受邀，曰："是为法事也，何惜身命？"五次东渡皆失败，更为不幸的是，鉴真大师自己在第五次东渡时双目染疾而失明。但一切挫折都没有改变鉴真东渡弘法的心意。天宝十二年（753年），时鉴真66岁,在日本"遣唐使团"再次邀请下,鉴真又一次升起东渡的远帆,历时月余,终于抵达萨摩国阿多郡秋妻屋浦(今日本九州南部),次年二月进京(奈良),入东大寺安置。孝谦天皇下诏"大德和尚远涉沧波,来投此国,诚副朕意。自今以后,传授戒律,一任和尚",并敕授"传灯大法师"位。在日本,鉴真开坛传戒,圣武上皇、孝谦天皇等都上坛受菩萨戒。

鉴真博学多才,除了佛学而外,医术、书法、绘画艺术等无不精通,到了日本之后,也毫不吝啬,一一传授于日本民众。是以日本人对鉴真极为敬重,称其为"盲圣"、"日本律宗太祖"、"日本医学之祖"、"日本文化的恩人"等。

广德元年,即日本天平宝字七年(763年),鉴真的弟子思托、忍基等为鉴真大师铸像,"顶骨秀、颧骨张、鼻梁高、唇紧闭、静含

鉴真佛学院
如今大明寺开办的佛学院就是以鉴真的名字命名的

睑、浮微笑",形仪端穆,栩栩如生。同年五月六日,鉴真结跏趺坐,面西而化,终年76岁。

能勤老和尚

如果说鉴真大师是大明寺的盛唐佳话,那么能勤老和尚可谓在大明寺近现代历史上不可不书的得道高僧。这位经历了乱世的老和尚,于大明寺的保护和发展功不可没,他本人的经历也颇具传奇色彩。

能勤老和尚出自贫寒之家,但幸而读过三年私塾,又天生睿智,敏锐好思,年少时还学过经商,故阅世颇广。1922年,能勤顿悟人生苦空无常,斩断尘缘,净身剃度,投于江苏宝应大王庙镜波上人门下,同年依扬州重宁寺雨山和尚得戒。以后十余年,能勤遍参江南高僧,研修文史经教,受到包括常州天宁寺冶开、扬州高旻寺来果、上海法藏寺兴慈、静安寺白圣、圆明讲堂圆瑛、沉香阁应慈等大师的指导点化,佛法渐为精进。

1937年,能勤住扬州万寿寺修行,历时5年,得大准提寺宝光和尚赏识,并予授记。1949年接任大准提寺方丈。颇为传奇的是,1950年朝鲜战争爆发后,能勤还受扬州抗美援朝佛教支会委派,组织僧尼生产自助。

1957年,能勤升座大明寺方丈,然而不到10年,"文化大革命"即爆发,大明寺顿时到了生死存亡关头。幸而能勤主持大局,将毛泽东语录及大字报张贴佛像四周与紧闭之殿门,才使大明寺幸免于难。更为幸运的是,鉴真纪念堂工程在"文革"期间顺利启动,并圆满竣工,在如此政治气候之下,堪称奇迹,能勤大和尚于此自然功不可没。

能勤和尚博学多识,热心助人,在扬州一方颇有名望。抗日战争爆发后，能勤更是义不容辞地支援抗战后方，多行善事，常常用自己的积蓄购买柴米油盐救济他人，亲自将物品送至立贞堂、崇节堂、育婴堂、残废老人院等社会福利机构，多年不辍。此外，能勤和尚通晓日语、历史、地理乃至算术之学，无不精通，而大和尚古道热肠，常常以所学之术辅导邻近的学生温习功课，还资助了多名贫困学生。

值得一提的是，能勤大和尚主持大明寺期间，在修缮寺庙一事上，颇费心思。20世纪60、70年代，能勤两次主持修缮清帝御花园并复建"美泉亭"；1979年，平山堂进行了大修并移建楠木厅于寺西北；到了80年代，能勤大修寺宇，并修复明末画僧石涛、清代画僧莲溪墓；1985年4月，能勤住持将清初残存藏经楼移建于寺内。

大明寺内卧佛殿卧佛
卧佛殿内的卧佛是缅甸仰光市赠送的

鉴真大师 6 次东渡，将佛法传入异域，为大明寺平添光辉；而能勤大和尚则持寺有道，虽无轰轰烈烈之事迹，但是于大明寺，却是功绩显著，熠熠生辉。

七 水上梵音
——扬州高旻寺

高旻寺位于扬州市南郊古运河与仪扬河交汇处的三汊河口,是驰名中外的清代扬州八大名刹之一。和常州天宁寺、镇江金山寺一样,高旻寺是我国佛教禅宗的"四大丛林"之一。高旻寺不仅在国内享有盛名,而且影响远及东南亚各国。1983年,国务院宗教事务局正式将高旻寺列为全国重点寺观之一。

1. 高旻寺的历史沿革

高旻寺历史悠久，相传在隋代时已经建立，不过数次被毁，屡兴屡废，在这过程中又数易其名。到了清朝初年，高旻寺被重新修建为行宫。

顺治八年（1651年），为纾缓水患，两河总督吴惟华于三汊河岸筹建七级浮屠，名曰"天中塔"，也就是高旻寺宝塔。3年后，塔建成，又在左营修建了三进院落，是为"塔庙"。

后来，天中塔渐渐年久失修，无人问津。康熙三十八年（1699年），康熙皇帝第三次南巡，经过扬州，目睹天中塔的倾颓场景，不禁感怀，于是意欲颁内帑修葺，为皇太后祈福。其时江宁织造曹寅、苏州织造李煦倡两淮盐商捐资报效，大加修缮并扩建塔庙。康熙在四十三年（1704年）第四次南巡经过扬州，登临天中塔，在塔的顶层极目远眺，大有高入天际之感，于是手书"高旻寺"匾额，高旻寺是以得名。次年，又御制《高旻寺碑记》，颁赐内宫药师如来脱沙泥金宝像，寺内建金佛殿及御碑亭供奉。之后，曹寅等于高旻寺西侧创建行宫，行宫规模宏大，面积是寺庙面积的数倍。后来康熙第五、第六次南巡，乃至乾隆的首次南巡，皆驻跸于此。

　　清朝中叶，高旻寺达到空前规模，而且名僧辈出，进入全盛期。到了乾隆三十六年（1771年）之时，金刹被飓风吹落，损及塔身，两淮盐商又负责将其修复，次年上顶合尖。道光二十四年（1844年），天中塔再次倒塌，但不幸的是，此后未能重建，高旻寺也就随之渐渐衰落下去。到了咸丰年间，寺庙和行宫都付之一炬。之后同治、光绪年间，僧人虽锐意兴建，仅略具规模，难复旧观。

　　直到近代高僧来果大师住持高旻寺，历时30余年，扩建寺宇，整顿寺规，严明宗约，断绝经忏，唯以参禅悟道为指归，由此宗风大振，名闻于世。高旻寺自此不仅位列禅宗"四大丛林"，更有"上有文殊、宝光，下有金山、高旻"之说，还列入长江流域禅宗四大道场之一。

"禅宗古道场"门

　　"禅宗古道场"门两侧，书写着"本来无一物，何处惹尘埃"的佛家诗句，高旻寺中的每一处楹联匾额，都想要向人传授一种佛理建国后，高旻禅寺是保留寺庙之一，僧徒常有百众，一度复兴。然而在"文革"期间，又备受冲击，佛像全部被毁，文物、法器抄没一空，僧众被逐出寺门。之后，寺庙移作他用，寺院又被任意改建，令人心痛的是，连大雄宝殿都在 1975 年被拆除。

1980 年，原高旻禅寺僧众要求重整高旻寺，使其回归佛教。1983 年，高旻禅寺被国务院批准列为汉族地区重点寺庙之一。政府拨款数百万，迁出占用单位，并迎请原任高旻禅寺事务委员会副主任之德林法师回寺住持。

1990 年，香港陈鸿琛居士投资 50 万元在高旻寺新建禅堂一座，外观宏伟，建筑风格融合古今特色。缅甸洞缪观音寺住持惟静法师赠送坐式、卧式玉佛各一尊，为古刹生辉。1996 年，重建的大雄宝殿完工，高旻寺自此得以重整旗鼓，成为扬州市的一处重要宗教活动场所和旅游景点。

小知识◎清代扬州八大名刹

扬州八大名刹指清代时扬州的八座寺庙：天宁寺、重宁寺、高旻寺、法净寺（大明寺）、静慧寺、福缘寺、建隆寺、慧因寺。

高旻寺远眺
高旻寺临水而建,远远望去,蓝天衬着佛塔,碧水在寺庙周围荡漾,打渔的船只顺着运河越行越远,别有一番幽情

2. 傍水而居，人间佛堂

高旻寺临水而建，建筑风格活泼轻灵，构成曲折幽深的空间，幽雅而含蓄。这种建筑布局意喻佛教建筑形态的民居化、花园化，世俗情态格调逐渐代替了宗教神秘色彩。

大雄宝殿

大运河经过高旻寺外，运河水泊，泛起一阵阵涟漪。高旻寺又是临水建筑，寺宇庙殿倒映湖中，在蓝天白云、嘉木葱荣的衬托下，显得异常秀丽、恬静、明净、灵秀。这座临水建筑中，新建的禅堂，现存的老禅堂、念佛堂、藏经楼、西楼、水阁凉亭、寮房各抱地势，高低错落，自得天趣。

20世纪90年代复建而成的大雄宝殿完全仿照皇家宫殿的建造方式，有30米之高，面积达1500余平米，是江苏最大的大雄宝殿。殿亭的基座为花岗岩的须弥座，很为厚重。飞檐翘角，镏金凝碧。殿前两边分立着护法神兽青狮和白象，显出庄严和宽容。大殿采用了34米

高旻寺大雄宝殿
现今高旻寺的大雄宝殿是20世纪90年代复建的,完全仿照皇家宫殿的建造方式,是江苏省最大的大雄宝殿

大跨度的现代技术,仅用了两根柱子作为装饰,一改传统的数十根巨柱支撑的大殿构造,给僧众举行法事活动留下了充足的空间。

这座雕梁画栋、金钩彩绘的大殿中供奉的是佛祖。佛祖手持莲花,取自佛经中佛祖拈花示意的故事。佛像身后为88佛,旁边站着弟子二人,年轻的为目犍连尊者,他被称为神通第一;年老的为须菩提尊者,他被称为智慧第一。这三尊佛像都是泥塑装金,熠熠生辉,金碧辉煌。加之东西两厢彩塑的18罗汉,个个都极富个性,似佛非佛,似僧非僧,有文有武,有老有少,人物的喜怒哀乐和他们的性格特征,刻画得细腻传神,富有浓郁的生活气息,颇具世俗化的特点,少有神秘气息。整个大殿气势宏大,威武庄严。

如今,高旻寺想把大雄宝殿做成汉传佛教博物馆,所以在殿内融

藏经楼

藏经楼位于大雄宝殿两侧,左右各一,相当对称,藏经楼为三层结构,上悬两块横匾,上一块书"多宝楼",下一块书"藏经楼"

合了雕塑、壁画、彩绘、刺绣、楹联等诸多中国传统元素。比如，殿内悬空而下的挂幛就是典型的中国刺绣品，是苏州87岁的刺绣老艺人送给高旻寺的。大殿内的四面墙壁，还绘有10幅巨大的中国画，是南京工艺美术大师在宣纸上完成的，直接裱在大殿墙壁上，每一幅都有10米长，4米多宽，画的是释迦牟尼应化的故事。东西两厢阁楼下，是峨眉山、五台山、普陀山、九华山四大佛教名山的浮雕，每幅浮雕前都罩着一大块玻璃。据说当时中国找不到这么大的一整块玻璃，这些玻璃都是从日本进口的，30几个人才能抬得起一块。

大雄宝殿的两侧，是藏经楼，里面供奉的是卧佛，其中前两厢是五百罗汉堂，这五百罗汉是用各色天然石粉压制而成的，看上去有凹凸感，但是摸上去却是平的。

"坐禅"

大雄宝殿的后面，即是禅房。一入禅房庭院，便能看到门楣上的四个字"最高学府"。这四个字出自中国佛教协会原会长赵朴初之手。赵朴初居士1993年来到高旻寺的时候，大殿还没有修好，但是他从僧众修行中看出了禅门的严谨宗风，便欣然写下了这四个大字。高旻寺的禅堂被誉为"中国第一禅堂"，足足能容纳500个人跑香、坐香。这个禅堂叫做"道海堂"。据说，高旻寺的建筑都是按照500人的规矩设计的，比如500人的斋房，500人的大殿，连后山的客房，也安排了500张床位，这是根据佛教中的五百罗汉设计的。堂高18米，呈不等边八面体近圆结构，内部周边皆为禅床，中间供佛像，打禅时人人面向中间佛祖。

"坐禅"让高旻寺在佛教界享有盛名。"坐禅"又叫"坐香"，也就是说坐禅的时间是用燃香来计算的。高旻寺在禅静功夫上有其独到之处，有"金山的腿子，高旻的香"之说。这种说法来源于一个故事：

金山寺众僧极讲究禅坐功夫。曾经有一个云游僧，到金山寺挂单，知客僧对他说道："本寺无什么供养，先供养一支香。"随即点香，于是两人在客堂盘腿打坐。这支香很长，要燃一个半小时，但是挂单僧因长期在外云游，所以腿脚发硬，又体力不支，一柱香未燃完，就支持不住，惭愧而去。

此后，这个云游僧发奋练腿功，不仅把双腿捆起来打坐，而且在上面压石头增加功力，日积月累，功夫不负有心人，他终于练出出色的腿功。这时候，和尚又去金山寺挂单，又和知客僧点了一炷香，相对打坐。一个半小时过去了，但是香却还有半截。原来这支香是和尚特制的，可燃三个小时。香未燃完，知客僧都已经坚持不住了。自此，金山寺便不再以坐腿子来决定游方和尚可否挂单了。

高旻寺僧每年冬季都坚持坐香，以香计时，当然这也要求练好坐功，一支香坐不下来，则没有资格参禅打坐。"金山的腿子，高旻的香"其实是对两寺禅功深厚的生动说明。

一般来说，坐完高旻寺的一炷香要70分钟。据说康熙皇帝也曾到高旻寺"坐香"凑热闹，但是他道行尚浅，久溺尘世，不能心注一境，被手执"巡香板"的下座打了一香板，才稍稍静下心来打禅。

既然高旻寺以参禅功夫深厚闻名天下，所以高旻寺禅堂成为寺院最重要之处。禅堂门联写道："十方同聚会，个个学无为；此是选佛场，心空及第蹄。"堂内在止静时（参坐香），鸦雀无声。

现在，寺里每年"打七"10个，其中每一个"七"都历时7天，自农历十月十五日起七，到腊月二十五日解七，共70天。每个"七"的首日，都会有方丈开示讲经说理，参禅者以此静思、静虑。

参加打七的信众,每天凌晨4:30就闻板而起,4:50进行早课香。一支香完后,众人绕佛颂念片刻,再点第二支香,每天每人要静坐9个小时。不仅有国内弟子,每年港台地区和美国的僧尼、居士也前来坐禅修心。

小知识◎打七

"打",举行的意思。打七,指于七日中克期求证的修行。若于七日中专修念佛法门者,称为打佛七,略称佛七;专修禅宗法门者,称为打禅七,略称禅七。

天中塔
目前高旻寺塔院并没有向游人开放,游人只能通过远瞻想象登临天中塔顶时看到的壮美景象

天中塔

高旻寺内的天中塔，高耸入云，是高旻寺乃至附近一带的标志建筑，因为天中塔，高旻寺所在区域又称"宝塔湾"，可见此塔地位。

对于高旻寺来说，这座宝塔意义非凡，因为历史上高旻寺的兴衰，皆与天中塔密切相关，塔兴则寺兴，塔衰则寺衰，天中塔可谓高旻寺兴衰的标志。

清末，天中塔倒塌以后一直没有得到重建。如今高旻寺内的天中塔，是近些年修建的，塔内尚在修建，暂不对外开放。如今我们只能从古人留下的诗句和典籍中，想象登临塔顶的感觉。

天中塔高达72米，共九级，呈八角形，供72尊玉佛。清代时，有人曾诗赞此塔："宝塔一层灯一层，灯光直上天光下。一更二更灯初红，照见隔水清芙蓉。十里五里灯尚见，明星隐约疏林中。"可以想象，登临塔顶，连镇江的焦山、金山、北固山都能尽收眼底，再听塔上铃声幽幽，梵音缭绕，再听流水潺潺，远处渔歌声声，不禁会有大隐隐于市的感觉。

小知识◎拈花示意

大梵天王以金色婆罗花献佛，请佛祖说法。可是，释迦牟尼如来佛祖一言不发，只是用拈菠萝花遍示大众，从容不迫，意态安详。释迦牟尼这里所传示的，是一种无言的心态——一种至为安详、静谧、调和、美好的心态，这是不能用任何语言和行为来打破的。这种心态纯净无染，无欲无贪，坦然自得，乐观自信，无拘无束，不着形迹，不可动摇，与世长存——即所谓"真如妙心"，亦即"普照一切、含藏万法"的根本佛法——正法眼藏之所在。

◎跑香

跑香时，行如风，如风之行止无迹，不得回互盼顾，穿长裰不能抄手，须徐徐行步，轻轻摆手。行香摆手，左手摆三分，右手甩七分，须顺圈子而走，不得穿堂直过。进堂不问讯、不合掌，不得抄手而行，须两手垂直，不得东张西望，不得低头或昂脑，不得掉头顾视，不得交头接耳，必须将头靠衣领，端严整肃。行走与前人相距三块砖，行走近人之前，而失行之威仪。

3. 历经磨难，顿悟成佛
——来果大师

来果大师住持高旻寺35年，行头陀行，挖土担粪，样样俱来，高旻寺的重振，和来果大师30余年的艰辛努力是分不开的。在重建高旻寺期间，他还到各地区讲经弘法，法缘极盛。

1950年，来果大师卸住持位，到上海驻锡在崇德会内，辟建茅蓬，建净七道场，信众毕集，一时称盛。1953年，世缘告尽，来果大师在上海示寂，世寿73岁，僧腊48夏。7日荼毗，翌年归灵骨返回扬州高旻寺。来果大师生前著有《来果禅师语录》、《来果禅师自行录》、《来果禅师开示录》等。

来果禅师俗家姓刘，名永理，字福庭。出家后法名妙树，字来果，号净如。来果于清光绪七年（1881年）出生于湖北省黄冈县。三四岁时，他随着母亲到寺院，指佛像问："这是什么？"母答："菩萨。"他说："抱我到菩萨前看看。"母亲不答应，他就自己爬到莲座上抚摸佛像，笑着说："咦！身是黄色，好看得很。"于是走下莲座，倒身下拜。看到的人说："这孩子将来怕会做和尚。"此后，他喜欢上了用泥巴捏佛像。到了后来,他更在田埂边挖一土窟,当作小庙,其中泥佛、泥烛台、泥香炉齐全,每日往拜,到塾受学后才稍懈。

后来他在一座小土地庙中供上佛像,放学后就到庙中拜佛打座。他父母怕他在外面打坐受凉,遂在家中收拾了一间房,内供佛像,供他礼拜。他每早用净水一盂,内放香灰少许,供在佛前,晚间喝下去,祷告曰:"求佛慈悲,开我智慧。"礼佛毕,还盘膝诵《金刚经》、《心经》。

来果自幼蔬食,闻腥即呕,见荤即吐,这叫做"胎里素"。他独用一副碗筷,自己藏起来,用时再取出来。一日,家中人误用他的碗装肉,他气得大哭,三日不吃不喝。后来邻家老翁劝他说:"长斋素口,不宜如此,可吃肉边菜,不吃菜边肉。"他想想,颇觉有理,以后便

客堂
高旻寺内客堂

不再固执,心量大开。有一天,他一手持一盘青菜,一手持一盘鸡肉,问别人说:"哪个好吃?"那人说:"鸡肉好吃。"他说:"鸡肉好吃,吃了有债主,终归要还他;青菜味淡,吃了无债主,不须偿还。"

来果从小便有慧根,立志出家,不过其中道路颇为坎坷,因为家人并不支持。12岁时,来果离家出走要去庙里出家,被哥哥追回。13岁父母就为他娶了亲,想成了家他就不会再出家。但是,来果像大迦叶和妙贤一样,与妻子做一对净侣,互相不染,暗中以兄弟相称。

他问一位大智和尚,佛门的修行是怎样的,大智和尚说:"念佛能了生死。"于是他便昼夜诵佛圣号,日久能念佛成篇,于梦寐中犹大声念佛。大智和尚说,这才是真念佛,而接着又问他:"念佛者是谁?"来果回答不出,于是和尚说:"等你寻到念佛之人的时候,我再对你说。"于是,来果又劝妻子念佛,两人共修净业。

来果是大孝之人,他18岁时,父染噎食病,饮食难下,身体羸瘦,诸医束手。传说他曾割肝煎药,为父治病。

但是来果出家的心愿一直未断,他一路颠簸辗转,终于在25岁那年,投入宝华山剃度出家。不过在宝华山,他不堪寺僧折磨,逃了出来,在江边一个草棚中与野狗住在一起,饿了就采摘野果吃。如此困顿了多日,感觉无望,欲投江自尽,被人救了上来。光绪三十三年(1907年)时,他赶往金山受戒,途中经过南茅山朝阳洞,因曾听人说"朝阳洞中有碟子大一块天",出于好奇,过去一探究竟。出得洞后,他问路人今日几日,答曰二月三十。来果不觉大惊,记得自己二月二十三动身,难道下一次洞,竟到了月底,真是"洞中方七日,人间已三年"。

到了金山受戒后,他单参"念佛者是谁"这句话头,发誓不参出不出禅堂。起初,由于他不熟悉禅堂规矩,曾有一日被击香板百余次的记录，但是他道心猛勇，绝不退悔。光绪三十四年（1908年）九月二十六日，来果在禅堂中坐香，晚六枝香开静声响，猛然豁落，千斤重担放下，顿觉云空川流，碍滞全消，来果终于开悟了。

清宣统末年，来果到扬州高旻寺挂单。时高旻寺长老月朗老和尚十分器重他，坚命他任班首，他为老和尚诚意所感，遂接受老和尚的请求。

来果在高旻寺住了一段时间，便前往终南山修行。

当时，他住在韩湘子洞，在他所撰的《来果禅师异行录》中，记有一段"降蟒"的故事：住在终南山韩湘子洞时，洞内另有一门，高约三尺，用维摩龛遮挡。据云，此洞有数十里之深，唐朝时，避难男女2000余人，隐匿洞中，尚不见人多之象，洞之大，可想而知。我一日静坐于龛内，觉背后有冷风飒飒，置之不顾，偶微睁眼，见三尺余高之黑色肉团蠕动，亦不以为意，心静心安，了无畏惧。及再睁眼一望，始知是蟒，蟒身渐渐出外，盘在石场上，约七八圈，中盘两层，约六七尺高，头向东南望。我自念云："孤身一人，怕也无益。"随即下龛，欲出不得，因蟒身塞门，两边无多余空隙，乃奋起一跳，跃过蟒身，坐于石台之上。蟒眼不时开闭，眼闭时，眼皮如瓢大，我大胆对蟒说："你我同住一处，必须护我，万不可坏我道念，我当为你皈依。"彼即将眼一翻，一对大乌珠如脸盆大，旋复闭目，似愿受皈依者。我即下来，以手按蟒头，为说皈依。说毕，大雨倾盆，我即归洞静坐，蟒亦随余进洞。及后，不知蟒之着落如何。不多时，天晴云散，对面山腰黄土崩堕，现出低洼约四亩地面。后闻此处曾起龙，大概蟒出送龙耳。后闻人言，此蟒六十年出现一次云。

来果在终南山住了两三年又回到江南，未久又到福建雪峰寺掩生死关。不久高旻寺催他返回，但是他未予回音。在关内，他不设桌榻，誓不倒卧，后来患了水肿病，但他宁死关内，不肯出关。他每夜静坐一小时，精进如此。后来，高旻寺的月朗老和尚托高鹤年居士带口信让他回高旻寺，他才出关回扬州。

月朗老和尚圆寂后，来果大师发愿誓死护卫高旻寺，住持高旻寺。任住持期间，来果修复旧制，整顿寺院，严行戒律，革除积弊。在他的倡议下，高旻寺专主禅宗，所有常住，只许坐香，其他悉数禁止。来果还整治丛林规矩，制定"高旻寺规约"，声明任何人皆不可擅自更动。来果受到诸山长老的赞誉，故有云："天下丛林不止单，守禅制者，独有高旻寺耳。"

除此而外，来果发愿重建高旻寺，以天中塔、大殿、禅堂、延寿堂、如意寮五大工程为目标，为此他各方奔走，化缘募捐，历时数年，终于使高旻寺面貌一新，整个工程持续到抗战爆发。抗战胜利后，来果原拟接续未竟工程，又受到内战的影响，未能实现心愿。

小知识◎高鹤年

高鹤年是虔诚的佛教居士，他以普度众生为职志，从25岁开始，积极参加社会的救济工作，特别是55岁至73岁的19年中，几乎每年都从事救灾活动，其足迹遍布山西、徐淮、平津以及川、陕、豫、甘等地区，饥餐渴饮，艰辛备尝。

4. 高旻寺与《红楼梦》

康熙和乾隆下江南时，都曾住在位于高旻寺的行宫中。而修建行宫的，正是《红楼梦》作者曹雪芹的祖父曹寅。

曹寅时任江宁织造，又是两淮巡盐御史，深得康熙宠幸。康熙四十三年（1704年），为迎接康熙南巡，曹寅在扬州高旻寺大兴土木，名曰"塔湾行宫"，又称"高旻寺行宫"。行宫奢华无比，连康熙皇帝也不禁感叹，还作诗自警："作鉴道君开艮岳，长嘘炀帝溺琼花。浇胸经史安邦用，莫遣争能纵欲奢。"还嘱咐把此诗"粘之壁间，以示维扬之众"。行宫让曹家日益显赫，然而兴于此亦衰于此。康熙屡次南巡，曹寅赔累大量钱财，巨大的花费必然导致曹家花钱"皇帝身上来皇帝身上去"。雍正即位后，查出曹家拖欠朝廷30万两，遂大怒，令他们破家补偿，于是便有了《红楼梦》里大观园被抄家的情节。

兴建高旻寺，为曹家日后的衰败埋下了伏笔，也成为《红楼梦》的创作背景。赫赫排场的曹家，终成"扬州旧梦"，不禁令人欷歔。

八 有佛则名
——无锡祥符寺

无锡祥符禅寺位于江苏省无锡市秦覆峰南侧山湾中,是一座千年古刹,始建于唐贞观年间,玄奘的弟子窥基任方丈,开创了汉传佛教八大门派之一法相宗,祥符寺成为法相宗的主要祖庭之一。现今的祥符寺是 1994 年在原址上重建的,之所以闻名,则是由于寺内的灵山大佛。

1. 始于贞观

祥符寺始建于唐贞观初年，最初的寺名已不可考。传说唐僧玄奘自天竺归来，游历东南，右将军杭恽陪同他至秦覆峰，所见恍若西天灵鹫山胜境，赞叹此处堪称东土小灵山，所以名此寺曰"小灵山寺"。当年，小灵山寺"居重湖叠嶂间，最为幽绝"。寺临太湖，"波光云景，照耀晃漾"。寺后"三峰环列，龙、虎拱峙"。殿前"塔影崔嵬落半天"，"若云窝，若月窟，若万松居，皆散见僧舍。水之流，有桥曰双瑞；山之中，有亭曰望湖。龙井则在厨之东，莲池则在殿之北"。宝殿玉宇掩映于青松翠竹之中，钟鼓梵呗回响于云林烟水之间，真可谓梵天佛地，灵山胜境。

开元年间，天台宗九祖湛然荆溪大师一度驻锡小灵山寺，弘扬天台宗教法。到了代宗时期，优诏连征，湛然并以疾辞，谢绝赴京。在德宗建中三年（782年）二月，湛然在天台佛垅圆寂。

北宋大中祥符年间，宋真宗诏改小灵山寺为祥符禅院。元朝惠宗时，大澄禅师到祥符禅院住持，开始弘扬禅宗青原下曹洞宗旨。元末的时候，祥符禅院被毁，法轮滞转，慧灯失明。

祥符寺
无锡祥符寺俯瞰

明朝洪武初年,释行晖来到祥符禅院原址,重建寺宇数楹,还为其供奉佛像、栖身宴坐之所。到了宣德年间,惠山道岩法师游访小灵山,看到寺院倾颓,便自己出资,鼎建佛殿和禅房,然后才回到惠山。他举荐杭州的天竺僧智澜来住持寺院。这位大德不负道岩法师的期望,以复兴祥符禅院为己任,"坚持戒律,精修苦行,事理圆融,悯兹古刹废弛"。智澜四处募捐,"缁素向慕,捐资以助者踵至"。他首筑周垣500余丈,种植了600万棵树,还建了数十间堂屋,以及左右伽蓝、祖师二殿。"前坚山门,旁立侧室,与夫香积之厨、贮物之库、

八 有佛则名 | 119

储栗之廪,靡不毕备。越八寒暑,功乃告成"。之后,他的徒弟道梁、天霖继承师业,道梁的得意门徒德承又继承师志,兴建了天王殿和大雄宝殿。

万历初年,太仓怀云寺僧顺庵禅师,应邀住持小灵山,爱此"湖中第一山",惟觉元朝时被毁的佛塔未能复修,甚是遗憾,于是发下宏愿,重建佛塔,"乃命其徒告诸旧识,咸乐于从事积资鸠工,历三载而塔始成"。此后又复"孤塔影从云外落,清磬声在树间留"。

1699年,康熙为禅院亲题"神骏"匾额,于是禅院改名"神骏寺",这又让寺院盛极一时。无奈雍正即位后,取缔法藏,神骏寺也在劫难逃。后来,太平天国军又在此驻防,寺院的殿宇又一次遭到劫难,寺院内只剩下残垣瓦砾,不禁令人欷歔。此后半个世纪,祥符寺一直未见记载。

1914年,祥符寺又开始重建,复名祥符禅寺。不久,常州天宁寺收祥符寺为下院,中庸法师来寺住持。那时候,祥符寺有寺宇30几间,熟田40亩,山地三顷多。16位僧人在此和合共住,安居乐业。

然而命途多舛,1938年,侵华日军进山扫荡,抗日武装顽强抵抗,日军气急败坏,放火烧寺,寺僧奋不顾身上前阻止,中庸和尚因此殉难。劫难过后,众僧修葺残存殿堂,勉强维持宗教生活。但毕竟元气大伤,无力恢复旧观,到了后来,仅有一位残疾僧人居此守香火,祥符禅寺可谓名存实亡。1949年以后,佛寺虽在,但门庭冷落,佛事稀少。"文革"十年浩劫中,这座千年历史古刹佛像倒地,僧人走散,殿宇改作他用,山地归属茶场,祥符寺就这么渐渐荒废,令人扼腕。

1994年,祥符寺得以在原址上重建,终于又一次重见天日。1997年,一座高88米的参天释迦牟尼大佛像在祥符寺竖起,成为中国第一青铜大佛像,祥符寺也成为佛教弟子朝山礼佛圣地和旅游胜地。

8 米高的大佛像
这尊佛像是江苏著名的雕塑家吴显林设计的,它身后 88 米高的大佛就是根据它用计算机放大 11 倍建造的

小知识◎法相宗

又作慈恩宗、瑜伽宗、应理圆实宗、普为乘教宗、唯识中道宗、唯识宗、有相宗、相宗、五性宗等,为中国佛教十三宗之一,日本八宗之一。广义而言,法相宗泛指俱舍宗、唯识宗等以分别判决诸法性相为教义要旨之宗派,然一般多指唯识宗,或以之为唯识宗之代称。法相宗以唐代玄奘为宗祖,依五位百法,判别有为、无为之诸法,主张一切唯识之旨。

◎西天灵鹫山

即《西游记》中常提到的"西天灵山"。灵鹫山地处恒河平原,在佛教另一圣地菩提伽耶以北70公里。据称,当年佛祖释迦牟尼在鹿野苑初转法轮之后,便率众来到灵鹫山,受到摩揭陀国国王的优遇。佛祖对国王宣讲了一番高深佛理之后,国王大悦,便送他们一处竹林精舍居住。中国古代高僧法显、玄奘、义净都先后前往这里参拜和居住过,并做过详细记录,至今仍是考证佛教史的重要资料。

◎天台宗

天台宗的实际创始人是陈隋之际的智𫖮(538～597年)。智𫖮因常住浙江天台山,由此得名。天台宗以《法华经》为主要教义根据。智𫖮著有《法华玄义》、《摩诃止观》、《法华文句》，被奉为天台三大部。其判教主张"五时八教"，把自己信奉的《法华经》列为佛的最高最后的说法。其教义主张一切事物都是法性真如的显现，以中、假、空三谛圆融的观点解释世界。

2. 祥符寺景象

祥符寺的山门前，有三座桥：东边的是"慈恩桥"，意思是让人知恩感恩，佛教讲究"上报四重恩，下济三涂苦"，一个人修身养性，感恩是必备的基本素质；西边的那座桥叫"普度桥"，意喻佛教中讲的普度众生，帮助别人脱离苦海，就是要人在感谢别人的恩德和帮助的基础上，会无私地帮助别人；中间的桥是大觉桥，这座桥的意思是只有怀着一颗感恩的心，拥有无私助人的美德，才能真正走上人生的大觉之路，成就大智慧，获得大福报。

过了桥，天王殿便在眼前了，这天王殿也是祥符寺山门。

天王殿内供奉着四大天王，分别代表着风调雨顺，寓意国泰民安。还有弥勒佛，露出憨厚又显出大智慧的笑容。相传，弥勒佛是释迦牟尼佛的接班人，但要过56亿7000万年以后才能继承佛位，所以弥勒佛又叫未来佛。

弥勒的背面，是寺庙护法神韦驮菩萨，他手拿降魔杵，据说能除一切妖魔鬼怪。韦驮菩萨就像我们今天的公安部长一样，保卫佛界的安全。

走出天王殿，就可以看到钟楼、鼓楼。这钟楼亦有特别之处，这里的钟是"江南第一钟"，重 12.8 吨，高 3.5 米，下口直径达到 2.5 米。每年的元旦和除夕，这里都会举行隆重的撞钟仪式。按照佛经的记载，人生有 108 个烦恼，每撞一下便能去除一个烦恼，撞完 108 下，你就去除人生的 108 个烦恼，正所谓"闻钟声，烦恼轻，智慧长，菩提增"。

站在钟楼，能够看见一尊高 8 米的佛。这尊佛由江苏著名的雕塑家吴显林设计，而 88 米高的灵山大佛就是根据这尊 8 米高小佛通过计算机放大 11 倍建造的。

再往前走，便到了气势雄伟的大雄宝殿面前。"大雄宝殿"匾额为赵朴初居士所写。大雄宝殿的正中间，坐着的佛祖释迦牟尼金身像仿佛正在说法，佛祖的两边，一老一少立着两位弟子，少者阿难，老者迦叶，两侧是十六罗汉，后面则是由整块汉白玉雕成的净瓶观音像。

祥符寺后，有杏坛广场，广场中有一棵古银杏，植于唐贞观年间，距今已有近 1400 年的历史，此树姿态神异，树乳累结。每年秋天，枝头都挂满白果。据说，这棵千年银杏曾数次遭到雷击，主干中间空心，其间还藏有一条青色巨蟒。

3. 身与云齐施法雨　目垂诲众示深慈
——灵山大佛

　　湖光万顷净琉璃，返照灵山正遍知。
　　身与云齐施法雨，目垂诲众示深慈。
　　从兹圣迹留无锡，随顺群情遇盛时。
　　喜见朋友师子国，和平世界共心期。

中国佛教协会原会长赵朴初居士的这首诗，称赞的便是无锡祥符寺中的灵山大佛。

灵山大佛闻名遐迩，无数人前来参拜。那么，这尊大佛究竟有何特别之处？又有哪些因缘际会？

大佛胜景

灵山大佛矗立在小灵山的南麓，包括莲花座在内，共高88米，相当于30层楼房高。四川乐山大佛"山是一尊佛，佛是一座山"，

灵山大佛的梵宫
江苏无锡灵山寺

八 有佛则名

但是比灵山大佛还要低 17 米。如果再加上三层的基座，灵山大佛的总高度能达到 101.5 米。这尊耸立于小灵山麓海拔 60 米处的露天青铜释迦牟尼立像，慈颜微笑，广视众生。

灵山大佛的佛体和莲花座，全部是由青铜板拼装焊接而成的，所用的铜总重达到 700 余吨。整个大佛共用铜板 1560 块，全部铜板若展开，有 9000 多平方米的面积；用于焊接这些铜板的焊缝，长达 35 公里。如此多的铜板拼合，组装时不仅要确保线条流畅、天衣无缝，更要保持形象完美，上下不扭曲，对工艺的要求甚高。

灵山大佛
灵山大佛像

更为重要的是，如此高的大佛，防风、防震、避雷和耐腐蚀的要求也甚高。所以，在大佛的建造过程中，还运用了现代高科技，可以抗风，有防震、避雷等措施。灵山大佛上的避雷针，被巧妙地藏在大佛的发髻之中。特型的铜板和先进的焊接技术也使得大佛的外形天衣无缝，看不出焊接的痕迹。

大佛右手指天，意喻"施无畏印"，为众生除去痛苦；左手指地，意喻"与愿印"，保佑众生平安快乐。大佛庄严安详，无时无刻不在保佑和祝福人们。胸前"卍"字则代表万德庄严。大佛法相形态丰满，安详凝重而细致入微，显现佛陀慈悲喜舍的神采。

走近大佛，仰视观之，湛蓝的天空中飘着几朵白云，大佛看着你，仿佛也在"动"，也在诉说着什么。而大佛的衣饰褶纹流畅，明快的线条也增加了大佛"动"的感觉。由于灵山大佛奇高，瞻仰或照相时都必须保持一定的距离，方能取得较好的效果。在大佛座基的裙房里，还特地设置了两台电梯，专门送信众和游客登上莲花座。

瞻佛逸事

灵山大佛双目垂视，眼神慈祥而充满睿智。大佛的笑容充满神秘，似笑未笑，欲言而又无语，仿佛有诸多嘱咐，却又尽在不言中，引起人们的遐想无限。更为神奇的是，在瞻仰这座大佛时，无论走近或走远，那大佛似乎都在看着你，无论靠近或远离，都在这大佛眼神的关切之中；眼睛缓缓开合，靠得越近，眼睛张得越开。

这是为什么呢？难道佛眼真的会动，所谓"佛法无边，无所不见"吗？当然不是。这是雕塑家的神来之笔和实际建筑过程中的天作之合。其实，关于灵山大佛的神奇故事还有很多，比如大佛开光时的瑞象。

当然了，欲知详情，不如置身其中，探个究竟。

灵山大佛高耸入云，游客唯一亲近的方式，估计只有"抱佛脚"了。人们常说："摸摸佛手有福气，抱抱佛脚保平安。"在灵山大佛前抚摸那巨大的佛脚，自然能给大家带来平安和吉祥，幸福和快乐。这对佛脚可谓巨大无比，走到佛脚前，人们会发现自己的身高与大佛的大拇脚趾差不多高，更惊叹大佛的宏伟巨大。

兴建历程

灵山大佛的兴建历程也值得一书。

早在祥符寺重建的同年，1994年12月24日，浇灌灵山大佛工程合约就已在北京钓鱼台签署。赵朴初居士亲莅签约仪式。在签约仪式上，赵朴初首次公开提出了他构思已久的四大名山四大菩萨、五方五佛的思想理念。

巨大的佛脚
灵山大佛巨大的佛脚

释迦牟尼像
祥符寺内的释迦牟尼像

所谓"五方五佛",是指北方山西大同的云岗大佛、中原河南洛阳的龙门大佛、西方四川乐山的乐山大佛、南方香港大屿山的天坛大佛、东方江苏无锡的灵山大佛。据统计,在全国范围内,高度在13米以上的巨型佛像共有60余尊,但以上这五尊佛像最为著名、影响深远。从地域上,这五尊佛像分布在东西南北中五方;从建筑时代上划分,可分为古代和当代;从造型上,可分为坐式和立式;从材质与工艺上,可分为石刻和铜铸。"五方五佛"不仅形体巨大,体现了中国佛教的博大精深,也表现了精湛的工艺水准。

历经长达3年的工期,这尊稀世大佛终于在1997年清明这天圆顶。

八 有佛则名 | 131

1997年11月15日，大佛正式落成开光。

　　开光前一天，年已九旬高龄的赵老就等不及了，兴致勃勃地赶赴无锡，视察了整个灵山胜境。还赋诗二首，名《访小灵山》："宋人侈说惠山泉，陆羽《茶经》到处传。妙处寻常交臂失，苏黄不识小灵山。""昔游天竺访灵鹫，叹息空慌忆《法华》。不意鹫峰飞到此，天花烂熳散吾家。"

　　余兴不减，赋《灵山大佛》七律一首："湖光万顷净琉璃，返照灵山正遍知。身与云齐施法雨，目垂海众示深慈。从兹圣迹留无锡，随顺群情遇盛时。喜见朋来师子国，和平世界共心期。"

　　参加开光大典的人数达十万之众。在仪式上，赵朴初居士又重申了他的"五方五佛"理念："所谓五佛，又称五智佛、五智如来，系根据密宗教义而设立。""以五佛配五方：中央毗卢遮那佛，东方阿閦佛，南方宝生佛，西方阿弥陀佛，北方成就佛。""在神州大地东南西北中五个方位上已有五尊大佛，从理论上说，已是五智俱足；从自然法则上说，已是五大协和；从修因证果的关系上说，在因行上有四大名山四大菩萨的信仰，在果德上有五方五佛的崇奉。"他同时建议："佛教界要注意从信仰体系的高度，深入理解五方五佛和四大名山四大菩萨信仰的深刻意义，要保持这种信仰体系的格局，今后不要再建露天大佛了。""要自觉地意识到佛教作为社会良心保证的重大责任，把握时节因缘，契理契机地弘扬佛法，解决现实人生因信仰失落、精神空虚而造成的诸般烦恼，促进社会主义精神文明建设。"他还要求佛教徒"爱国爱教，以庄严国土、利乐有情的实际行动报效祖国，报效人民"。

4. 明清历代高僧

法藏

法藏，字汉月，梁溪（在今江苏无锡）苏氏子。15岁时，在该邑五牧庆德院出家。

初读《高峰语录》，法藏心有存疑，潜心参究十余年，还是不得其解，于是到庐山（在今江苏省常熟市）三峰寺掩关。

一日，听闻窗外竹折乃语，后从黄梅蓓蕾时节开始禅坐，一朝出定，忽见梅花堕地，顿时大彻大悟，谒天童密云禅师，蒙印许付法，成为临济宗三十一世。明万历年间，自苏州邓尉山迁住小灵山，从此祥符禅寺开始传禅宗南岳下临济宗。

洪储

洪（一作弘或宏）储，字继起，号退翁，南通州李氏子。依三峰法藏出家，苦修有年，参究有得。曾经任能仁、天宁、瑞岩诸刹住持，飞锡之处，宗风元播。崇祯九年（1636年），洪储受命继住祥符禅寺，"辟藏云关，开堂拈提法要"，当时的中丞许定于、都宪张二无、京兆邹衣白皆执弟子礼。后在洪储的努力下，苏州灵岩山得以振兴，所以洪储又称"灵岩和尚"。

明崇祯十四年（1641年），洪储入天台，法藏有一弟子慧刃，先是辅助师兄洪储住祥符禅寺，尔后继其法席。在明末清初社会动荡、战火纷飞的年代，洪储尽其所能，极力维持祥符常住，在动荡的时局下仍坚持尽心传播临济宗禅风，护法卫寺、难行能行，实在可歌可泣。

释纪荫

释纪荫，字湘雨，号宙亭，又号损圆。

释纪荫年少时即饱读诗书，于儒术颇为精通，作文写诗也颇为精工，智慧颇高，所以，一旦为僧，即遍参释乘，"谒退翁储于灵岩，得受记莂"。康熙皇帝还曾召见他，当时，他应对称旨，深受宠渥，受命兼住扬州高旻寺后，更是载誉大江南北。康熙还特意赐诗并跋，释纪荫更加名动朝野，声传遐迩。

释纪荫对祥符寺的贡献也是不容忽视的。有资料表明，纪荫住持禅寺期间，修复或新建山门、天王殿、伽蓝殿、祖师殿、藏经殿、禅堂、法堂、茶寮、两序寮、无隐轩、与鸥居、金粟廊、双松草堂等，成绩卓著，功德无量。

乾隆年间，神骏寺方丈普仁、都监妙重修殿宇，建筑普同塔时，常住尚有五六十位僧人，依旧为十方丛林。咸丰三年（1853年）太平军与清兵战于此，殃及佛寺，殿宇毁坏殆尽。

图书在版编目（CIP）数据

寺塔灵秀：江南名寺 / 张静雯著. —— 郑州：中州古籍出版社，2014.4
（华夏文库）
ISBN 978-7-5348-4647-2

Ⅰ.①寺… Ⅱ.①张… Ⅲ.①寺庙-介绍-华东地区 Ⅳ.①K928.75

中国版本图书馆CIP数据核字（2014）第004725号

华夏文库·佛教书系
寺塔灵秀：江南名寺

总 策 划	耿相新　郭孟良
责任编辑	贾保倩
封面设计	新海岸设计中心
版式设计	曾晶晶
美术编辑	曾晶晶
责任印制	刘新毅
项目统筹	单占生　萧　红（执行）

出　版	中州古籍出版社
	地址：河南省郑州市经五路66号
	邮编：450002
	电话：0371-65788693
经　销	新华书店
印　刷	河南新华印刷集团有限公司
版　次	2014年4月第1版
印　次	2014年4月第1次印刷
开　本	960毫米×640毫米　1 / 16
印　张	9印张
字　数	60千字
印　数	1-3000册
定　价	24.00元

本书如有印装质量问题，由承印厂负责调换